# Aviones de papel

## El libro de los recortables

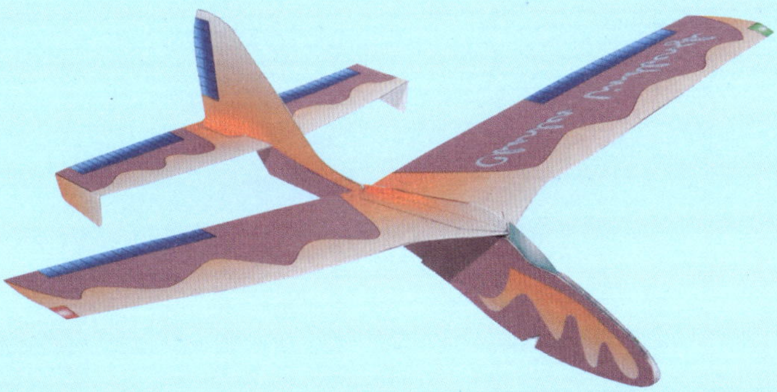

Andreas Martius

TUTOR

# Índice



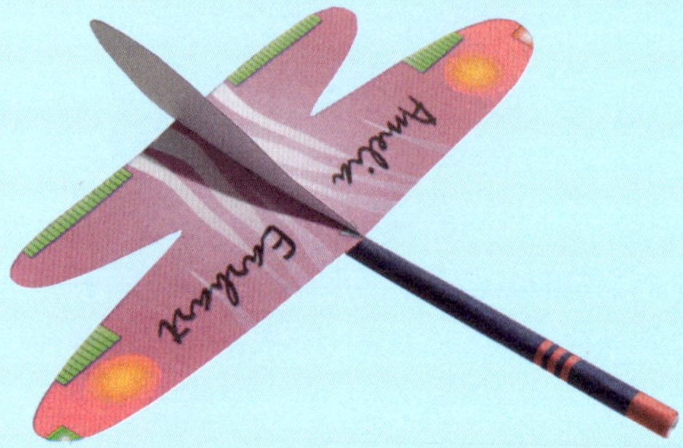


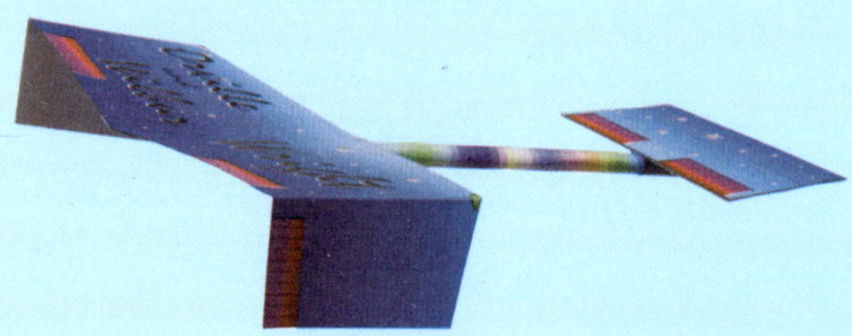


Editor: David Domingo
Coordinación editorial: Paloma González
Traducción: Eva Nieto
Revisión técnica: Fernando Gigaldo





Publicado por primera vez en Alemania en 2009 por Christophorus im Verlag Herder, bajo el título: *Papierflieger Das Ausschneidebuch*




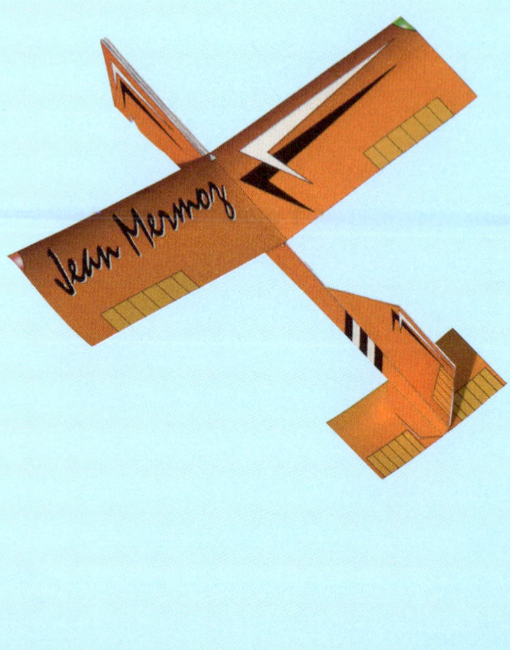



Fotografías: Christoph Schmotoz, Freiburg

ISBN: 978-84-7902-796-4
Depósito legal: M-44.078-2009
Impreso en Gráficas Cofás
Impreso en España – *Printed in Spain*

# Aviones de papel

Quien hoy en día toma un vuelo, ya sea por vacaciones o por un viaje de negocios, no suele pensar que los aviones fueron desde hace siglos un sueño de la humanidad, y que ese sueño se convirtió en realidad hace bastante poco tiempo. Los hermanos Wright fueron, por ejemplo, los primeros que allá por 1903 consiguieron hacer un vuelo a motor tripulado. Tenían un negocio de bicicletas y experimentaron durante años con maquetas y prototipos hasta dominar el despegue, las maniobras de vuelo y el aterrizaje.

Después la aviación se desarrolló a una velocidad vertiginosa, hasta el punto de que sólo 66 años más tarde el hombre pudo conseguir pisar la Luna. En la actualidad se construyen unos aviones muy confortables que transportan varios cientos de pasajeros de forma muy segura y rápida. Nos parece perfectamente normal que podamos viajar desde París a Nueva York en unas pocas horas. Sin embargo, la simplicidad de los vuelos actuales hay que agradecerla al esfuerzo e idealismo de unos cuantos hombres y mujeres que, como pioneros de la aviación, conquistaron el aire sirviéndose en muchas ocasiones de unos cacharros bastante desvencijados. Charles Lindbergh fue el primero que realizó, en 1927, un vuelo solitario y sin escalas desde Nueva York hasta París. Se mantuvo en el aire durante 33,5 horas. Con esa travesía del Atlántico, por aquel entonces una temeridad, pasó a ser de la noche a la mañana una aclamada estrella.

La historia de la aviación es una apasionante obra llena de emocionantes y dramáticas aventuras de pilotos, hombres o mujeres. En este libro quiero presentarte a algunos para animarte y conseguir que leas con detenimiento las biografías de otros muchos.

El vuelo de los pequeños recortables de papel no resulta tan espectacular como el de los aviones auténticos, pero resultará fascinante comprobar cómo una pequeña maqueta flota apaciblemente en el aire y traza unos cuantos giros. Lo único que se necesita para construirlos son unas tijeras y un poco de pegamento. Teniendo en cuenta las indicaciones aerodinámicas para hacer volar los diversos modelos, se puede estudiar el comportamiento en vuelo sin necesidad de aburrirse con áridas fórmulas físicas.

¡Deseo que los pioneros de la aviación te sirvan de entretenimiento y, naturalmente, que te ocurra lo mismo con los aviones recortables que crees!

# Advertencia y consejos

## Aerodinámica

Cuando vuela un avión, sobre él actúan cuatro fuerzas que deben mantenerse en cierta relación unas con otras: la fuerza de la gravedad, la **sustentación**, el **empuje** y la **resistencia del aire**. Dado que el peso propio de un avión es mayor que el del aire, la **fuerza de la gravedad** tiende a atraerlo hacia el suelo. Por tanto, para que un avión pueda surcar el aire debe generarse una fuerza, la sustentación, que se oponga a la de la gravedad. Esa fuerza es ocasionada por el mismo aire al recorrer de una forma determinada las alas del avión. En el lado superior de las alas se forma una succión que tira del avión hacia arriba, mientras que por el plano inferior de las alas surge una presión que sirve de empuje adicional ascendente. En consecuencia, un avión, de forma distinta a lo que ocurre con un helicóptero, necesita moverse hacia delante para poder volar, pues en caso contrario las alas no son rodeadas por los flujos de aire y no surge la sustentación. El movimiento del avión hacia delante se obtiene gracias al empuje. En los aviones auténticos ese empuje lo proporciona una hélice o una tobera.

En los aviones de papel el empuje se genera a través de la mano que hace el lanzamiento del aparato. Sin embargo, este empuje inicial queda frenado por la resistencia del aire. Por tanto el aire es un elemento imprescindible para, al moverse alrededor de las alas, provocar la fuerza de sustentación y, por otro lado, genera una resistencia que frena el vuelo del avión. Ya que en un avión de papel no se dispone de ningún empuje que suplemente al inicial del lanzamiento, la resistencia del aire frenará al avión hasta que la sustentación sea menor que la gravedad. A partir de ese momento el juguete planeará dirigiéndose hacia el suelo.

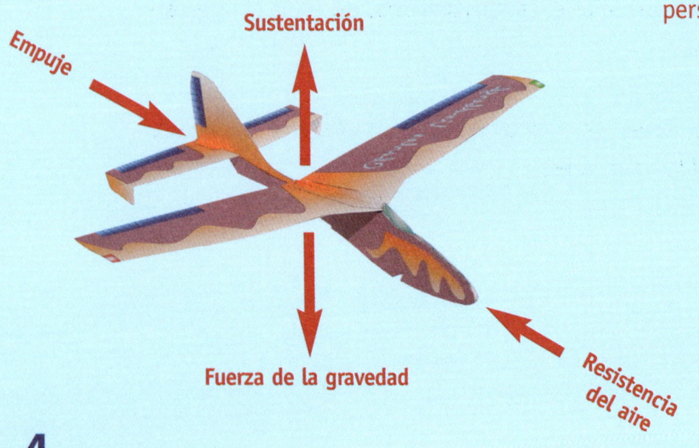


## Consejos

- Para el montaje del avión se necesitan unas tijeras que corten tan bien que incluso permitan recortar algunas partes en plan de filigrana.
- Para unir las partes del modelo se aconseja un "pegamento universal". Se endurece al secar y proporciona mayor resistencia al aparato.
- Antes de recortar cada una de las piezas del avión, se pueden hacer fotocopias del patrón. Para ello son apropiados papeles que pesen de 160 a 300 g/m² en un tamaño DIN A4 . Si se usa un papel más ligero el armazón del aparato resultará poco estable. Si se construyen con papel más pesado, los aviones vuelan mejor al aire libre, pues su elevado peso les hace más estables contra el viento. Sin embargo, en esas circunstancias empeorará el ángulo de su trayectoria de descenso, que es la distancia recorrida entre el lanzamiento y el aterrizaje. Los aviones de peso más ligero son adecuados sólo para volar en espacios cerrados pues tienen un ángulo de descenso más largo. Hay que tener muy en cuenta el papel que se utilice para hacer la fotocopia pues algunas máquinas fotocopiadoras sólo admiten papeles hasta un máximo de 200 g/m².
- ¡ATENCIÓN! El avión no se debe lanzar nunca contra personas u objetos.

# Trayectoria del vuelo

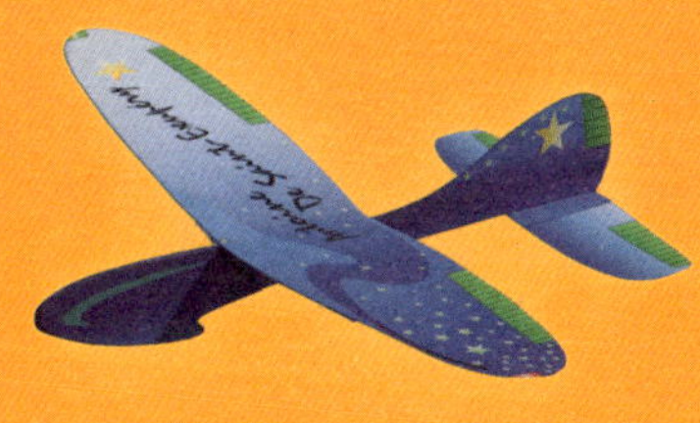

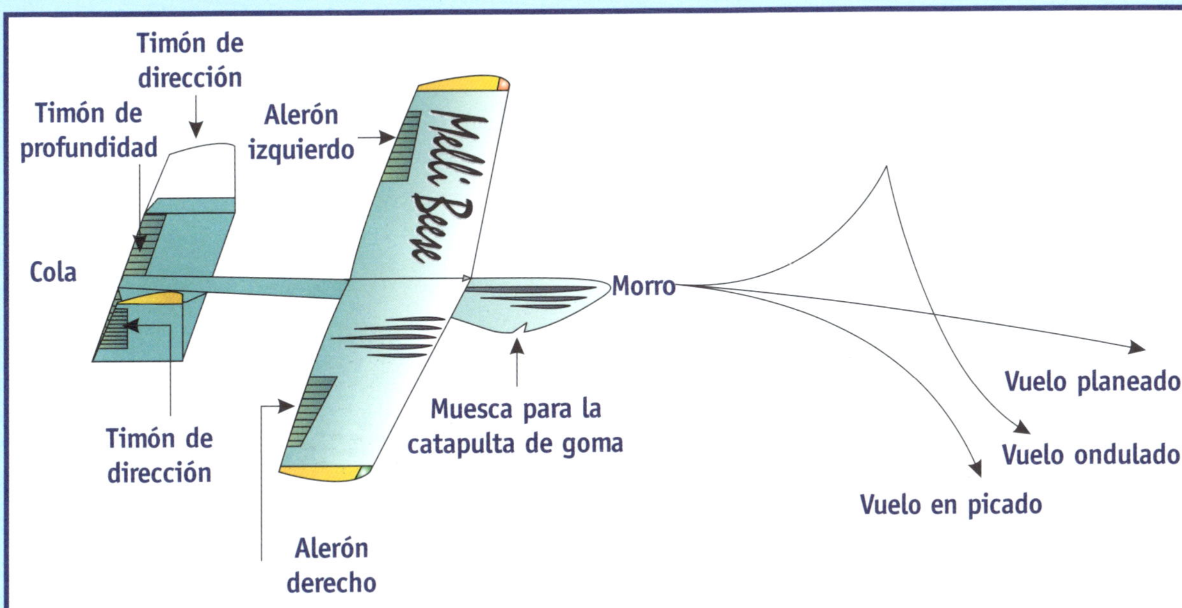


El fuselaje se debe sujetar con los dedos pulgar e índice por debajo de las alas (en el caso del avión "Orville & Wilbur Wright" se hará por *delante* de las alas). El aparato se lanzará con impulso horizontal hacia delante. El morro no debe orientarse hacia arriba ni hacia abajo.

**Vuelo planeado:** El avión está equilibrado de una forma óptima.
**Vuelo ondulado (cabeceo):** El avión va demasiado cargado en la cola. Curvar los timones de profundidad algo hacia abajo (en el avión "Orville & Wilbur Wright" se hará hacia *arriba*).
**Vuelo en picado:** El avión va demasiado cargado en el morro. Curvar los timones de profundidad algo hacia arriba (en el avión "Orville & Wilbur Wright" se hará hacia *abajo*).

Si el avión pica sobre el ala derecha (según se mira en la dirección del vuelo), doblar el alerón derecho un poco hacia abajo y el izquierdo hacia arriba. Si, al contrario, pica sobre el ala izquierda (según se mira en la dirección del vuelo), doblar el alerón derecho hacia arriba y el izquierdo hacia abajo.

Si se quiere que el aparato vuele describiendo una curva hacia la izquierda doblar un poco el alerón derecho hacia abajo, el izquierdo hacia arriba y el timón de dirección un poco hacia la izquierda. Si ha de volar con curva hacia la derecha, doblar el alerón derecho un poco hacia arriba, el izquierdo hacia abajo y el timón de dirección hacia la derecha.

Algunos modelos llevan una muesca en la parte inferior del fuselaje: está destinada a enganchar en ella la goma del lanzamiento en catapulta. Enganchar con una mano la goma en la muesca de lanzamiento y con la otra mano sujetar el timón de dirección y tirar hacia atrás para tensar la goma. Una vez que se haya conseguido la tensión adecuada, soltar el timón direccional. De acuerdo con esa tensión, el avión ascenderá hacia lo alto. Dado que pueden alcanzar mucha altura, este tipo de aviones sólo debe ser lanzado en espacios abiertos y al aire libre.

# Otto Lilienthal

Otto Lilienthal nació en 1848 en la ciudad alemana de Anklam (Pomerania). Estudió el vuelo de los pájaros y de sus observaciones dedujo la estructura de las alas. Fabricó numerosos planeadores con madera de sauce y tejido de algodón con los que él mismo llevó a cabo con éxito varios intentos de vuelo.

El 9 de agosto de 1896 se estrelló en uno de sus vuelos y murió el día siguiente a consecuencia de las graves heridas sufridas. Su trabajo teórico y los conocimientos adquiridos en sus ensayos prácticos resultaron fundamentales para todos los pioneros del vuelo que le sucedieron.

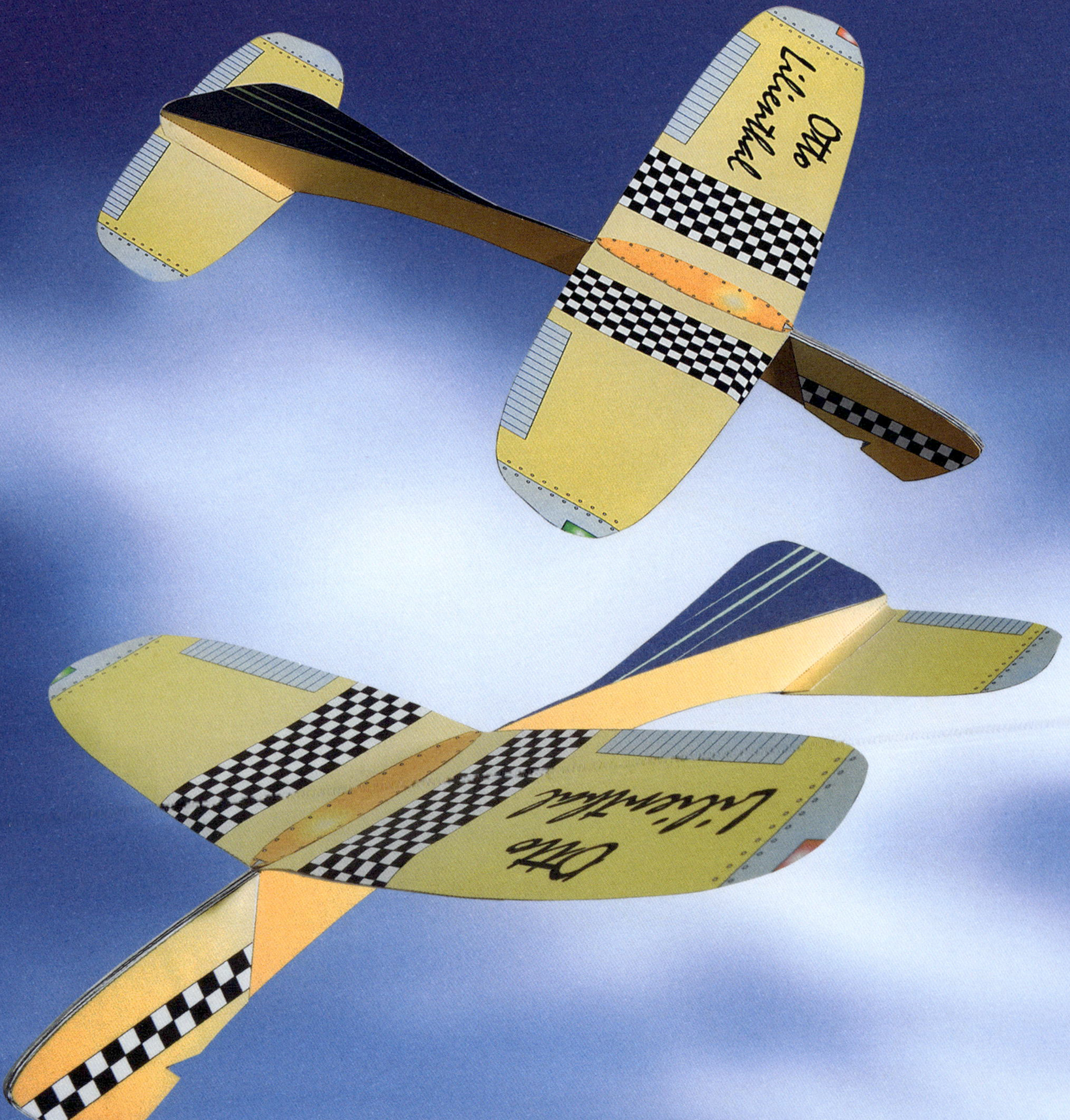

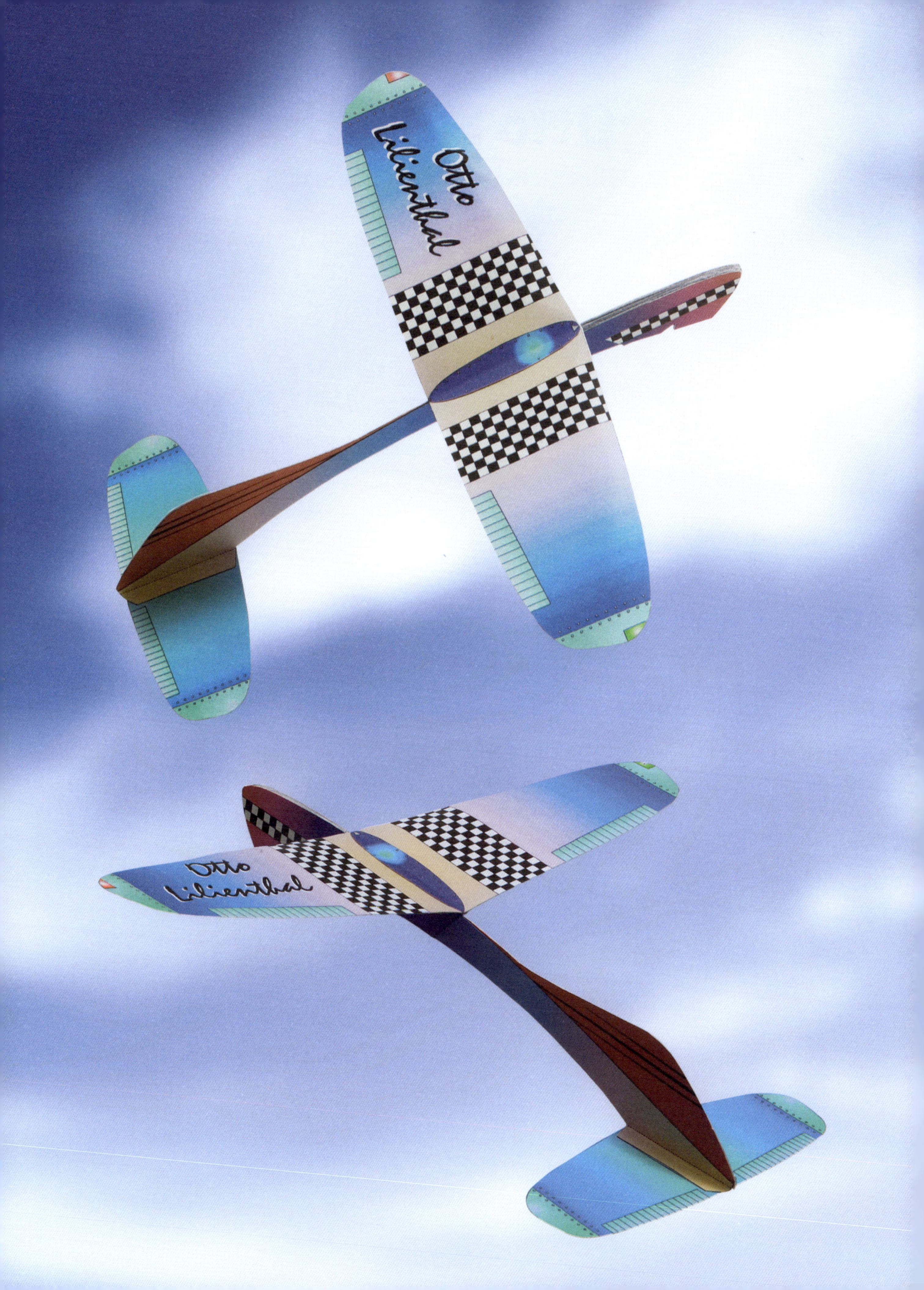
Otto
Lilienthal
Otto
Lilienthal

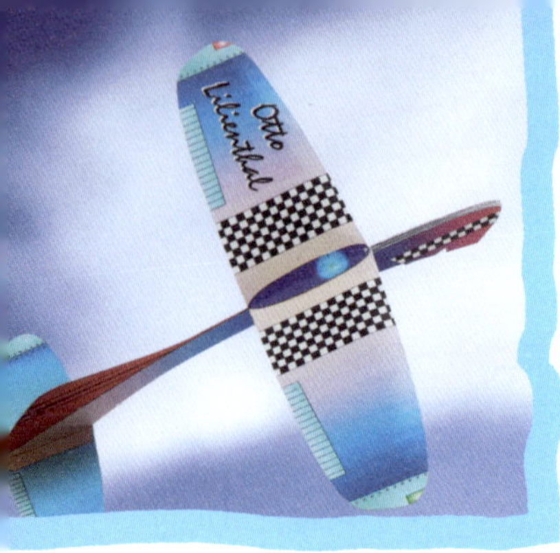


# Otto Lilienthal

## Ilustraciones en las páginas 6 y 7

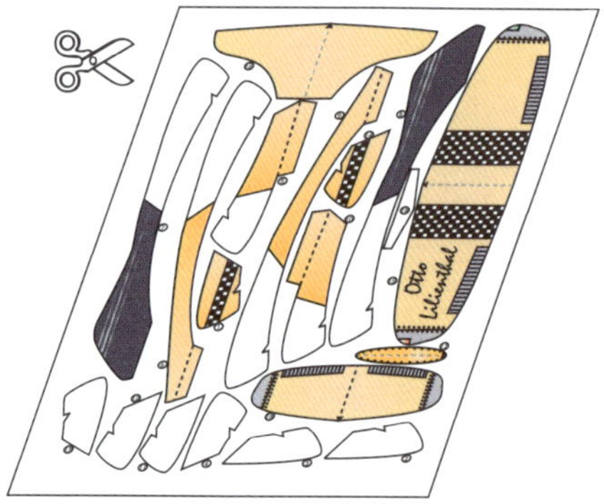

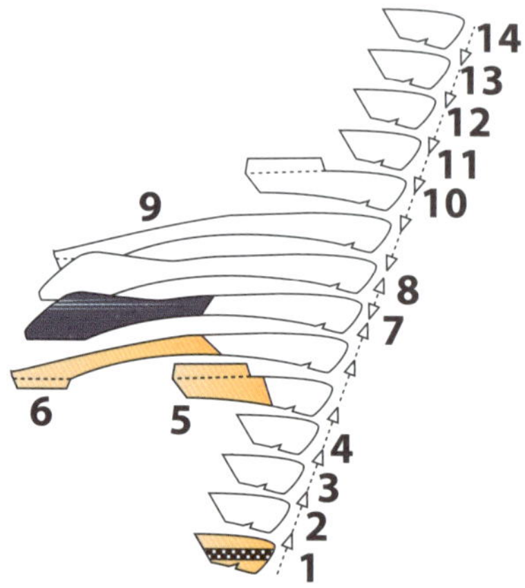


**1** Recortar las piezas de la página 35 o de la 37. *Consejo:* Pintar los bordes de los cortes con un rotulador amarillo o azul y así no destacarán cuando el avión esté construido del todo.

**2** Pegar las piezas n.º 1 a 14 tal y como se indica en la ilustración. *Cuidado:* Las lengüetas con una línea discontinua del fuselaje sirven para unirlo a las alas y al timón de profundidad. No hay que pegarlas ya que una vez se haya secado el fuselaje, hay que abrirlas y doblarlas en ángulo recto.

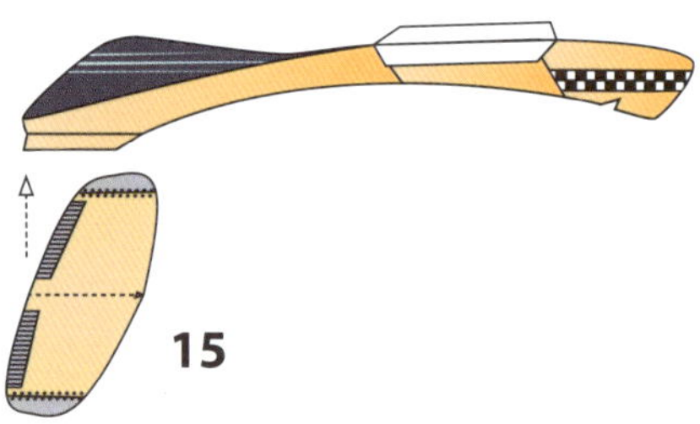


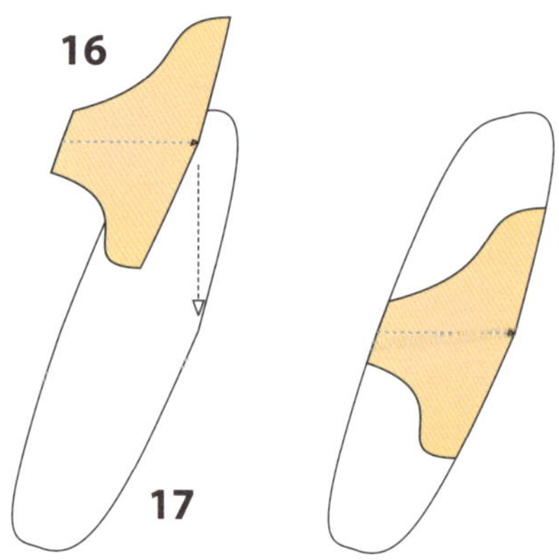


**3** Pegar la pieza n.º 15 en la lengüeta doblada del extremo del fuselaje.

**4** La pieza n.º 16 se pegará en la parte no impresa de la pieza n.º 17. Las pequeñas marcas en forma de flecha indican la parte que debe ir delante.

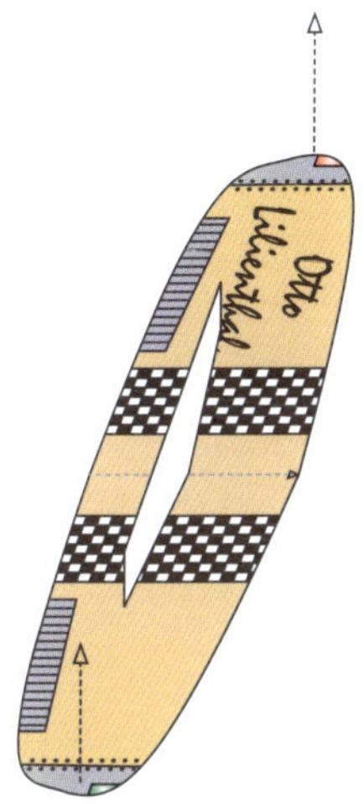

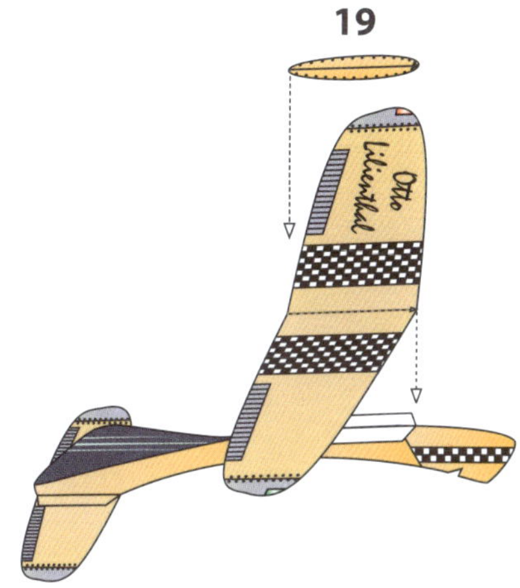


**5** Doblar las alas hacia arriba en forma de "V" por su eje central de simetría. Usar la pieza n.º 18 como guía.

**6** La pieza n.º 19 se pliega en el eje central ajustándose al ángulo que forman las alas. Luego pegar las alas en las lengüetas del fuselaje, según se indica en la ilustración. Las pequeñas marcas en forma de flecha indican la parte que debe ir delante.

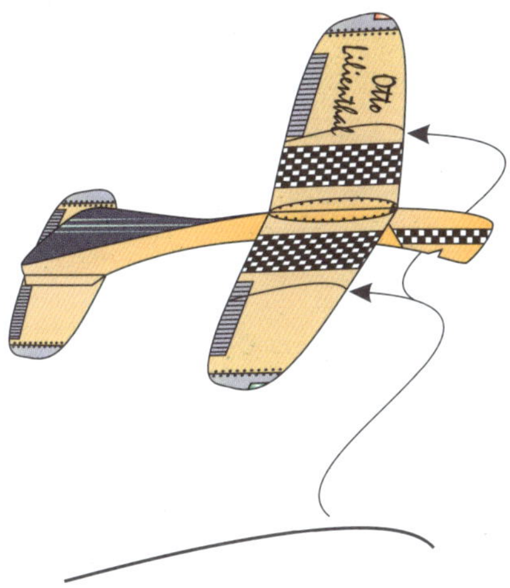

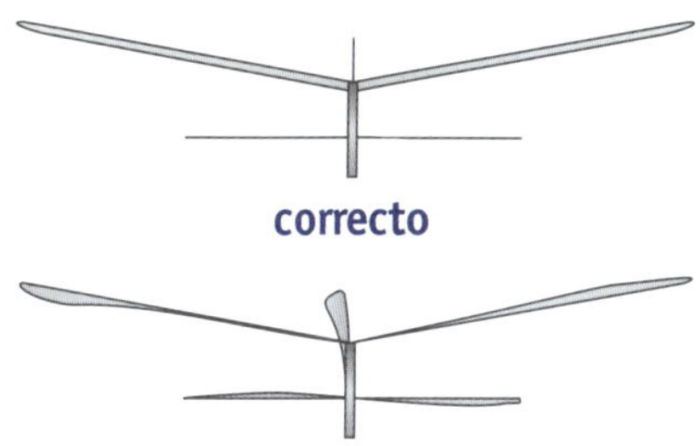


**7** Arquear las alas según se indica en la ilustración. La línea curva representa el perfil de las alas.

**8** Vista frontal del avión terminado. Las alas, el fuselaje y los timones direccionales no deben quedar torcidos.

¡En la página 5 están las instrucciones más importantes para equilibrar el avión!

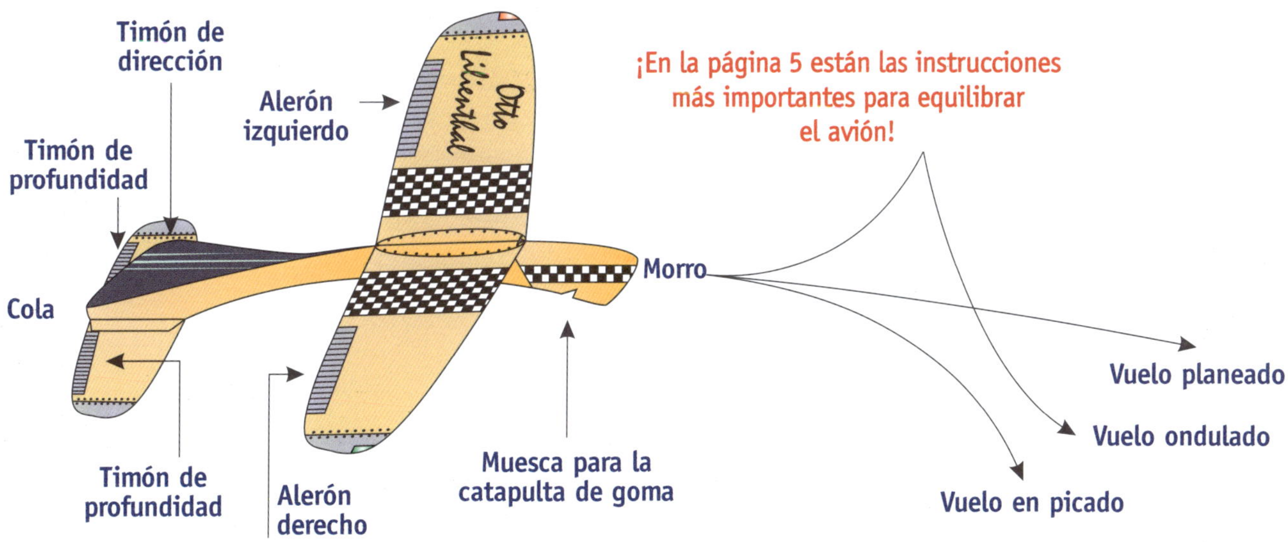

# Hermanos Wright

Los hermanos Wright, Orville (1871-1948) y Wilbur (1867-1912), nacieron en la localidad norteamericana de Dayton (Ohio); ya desde su niñez mostraron su interés por la aviación y fueron entusiastas seguidores de Otto Lilienthal. Se ganaban la vida con su trabajo en un taller de bicicletas. Construyeron juntos varios aparatos voladores y estudiaron sistemáticamente toda la bibliografía que cayó en sus manos y estuviera relacionada con la tecnología aeronáutica. Poco a poco consiguieron perfeccionar la maniobrabilidad de sus aparatos.

El 17 de diciembre de 1903 tuvieron éxito con su primer vuelo a motor controlado, y lo hicieron sobre un artefacto construido con madera y revestido de tela. El aparato recorrió 37 metros y se mantuvo en el aire solo durante 12 segundos, pero constituyó en sí mismo un hito fundamental para la historia de la aeronáutica.

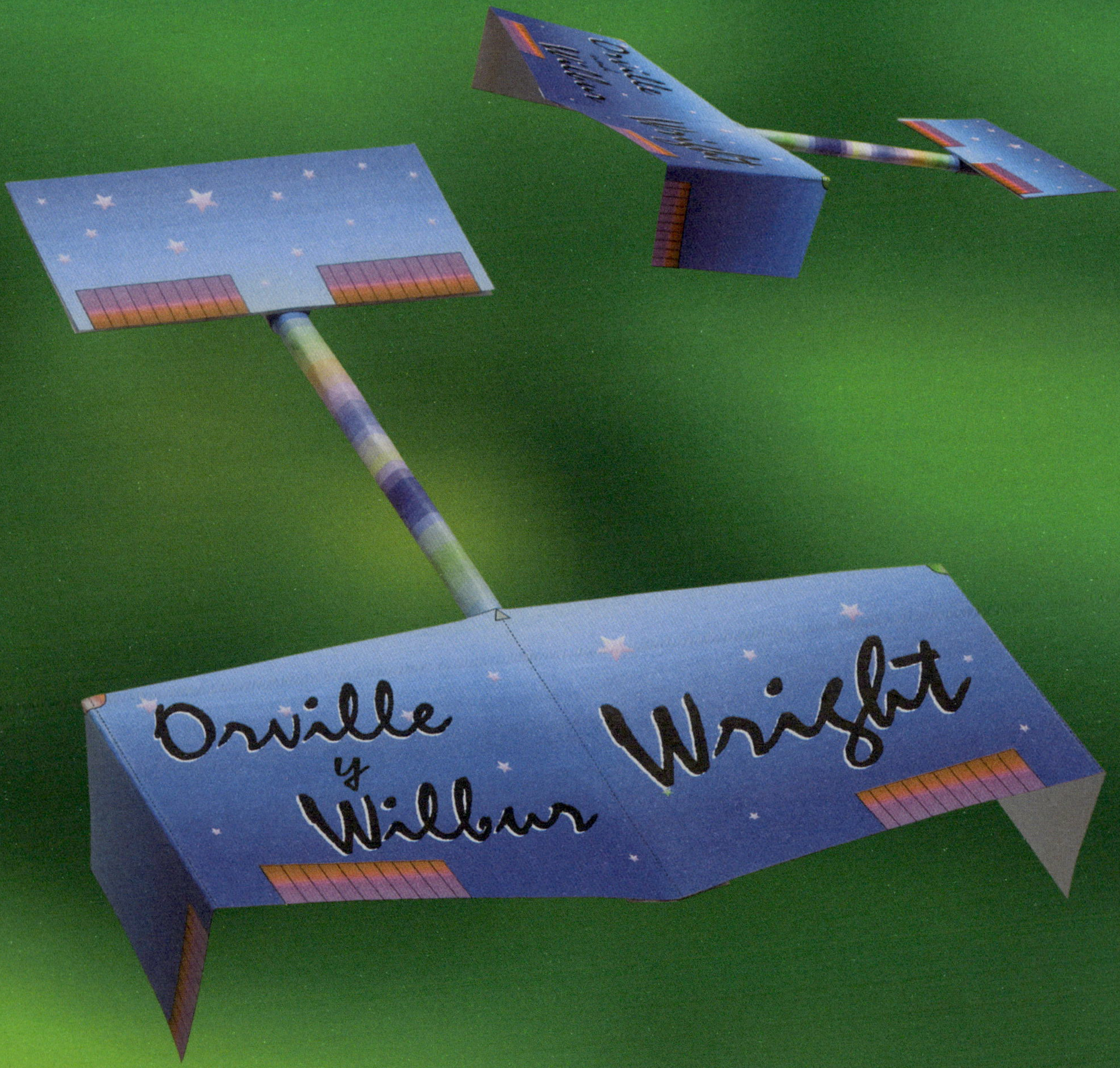

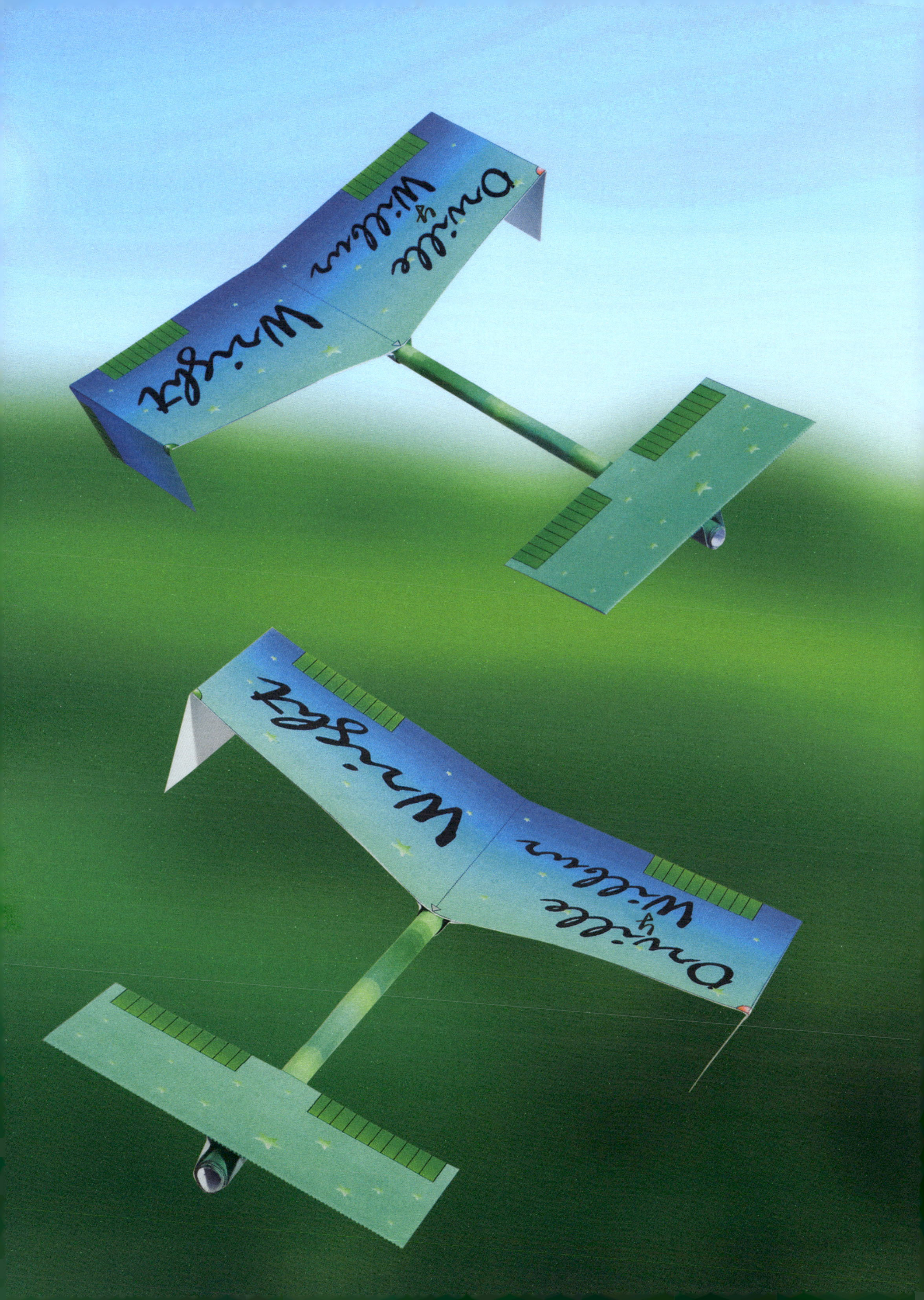
Orville & Wilbur Wright
Orville & Wilbur Wright

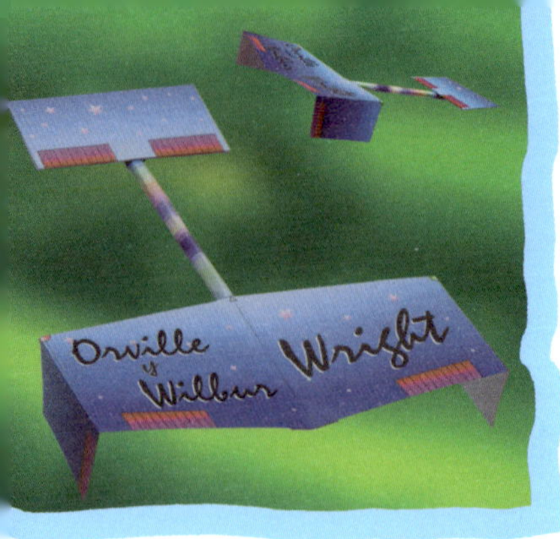

# Hermanos Wright

## Ilustraciones en las páginas 10 y 11

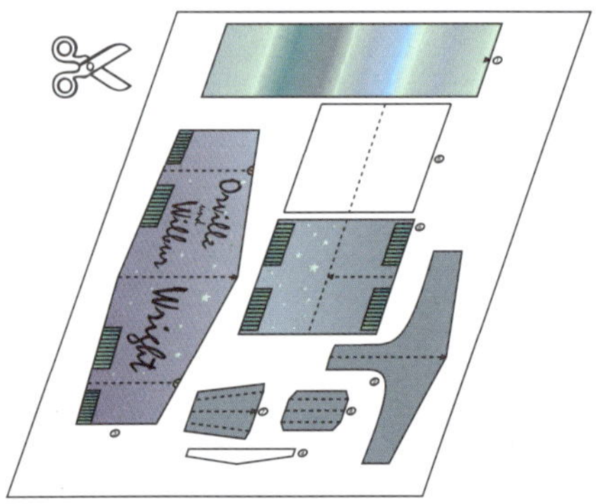

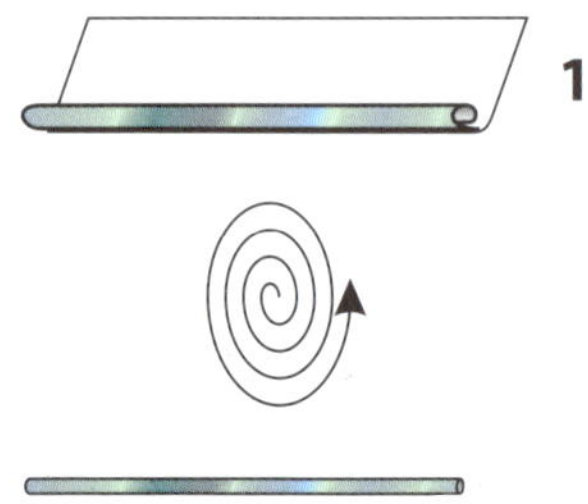


**1** Recortar las piezas de la página 39 o de la 41.
*Consejo:* Pintar los bordes de los cortes con un rotulador gris oscuro y así no destacarán cuando el avión esté construido del todo.

**2** Enrollar la pieza n.º 1 para formar un tubo de 5 mm de diámetro y pegar.

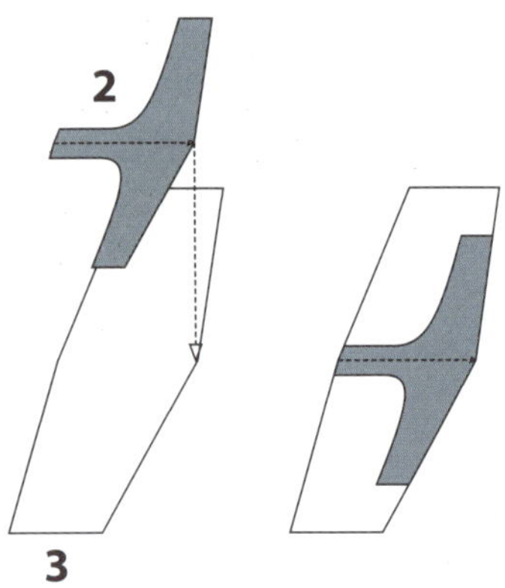


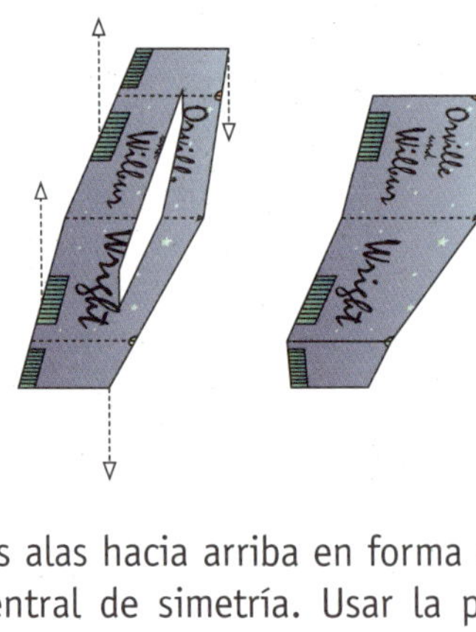

**3** La pieza n.º 2 se pegará en la parte no impresa de la pieza n.º 3. Las pequeñas flechas indican la parte que debe ir delante.

**4** Doblar las alas hacia arriba en forma de "V" por su eje central de simetría. Usar la pieza n.º 4 como guía. Doblar perpendicularmente hacia abajo los extremos de las alas.

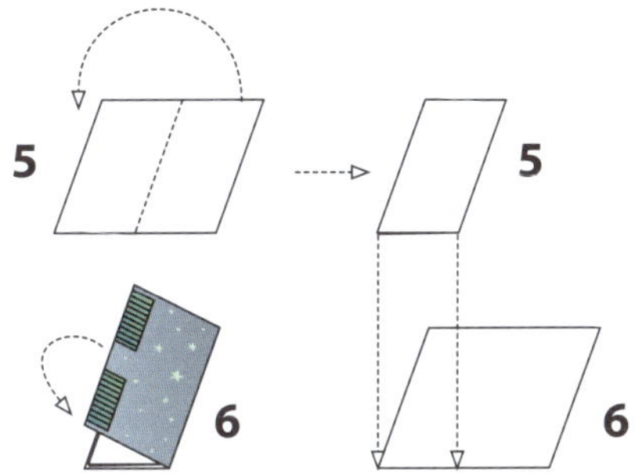


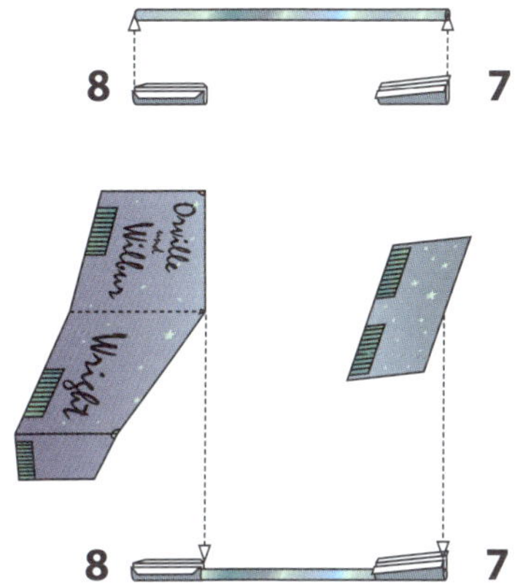


5 La pieza n.º 5 se pliega por la línea discontinua y se pega en la parte no impresa de la pieza n.º 6 se pega el timón de profundidad. Plegar después el timón de profundidad y pegarlo.

6 Las piezas 7 y 8 se pliegan según se indica en la ilustración y se pegan al tubo que constituye el fuselaje. Las alas y el timón de profundidad se pegan en las lengüetas de pegado que tiene el fuselaje.

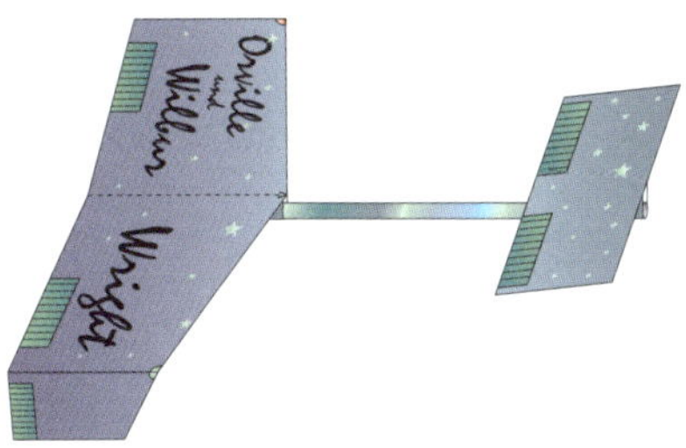

7 El timón de profundidad de este modelo va montado en el morro y no en la cola como ocurre en otras maquetas. Debido a la forma de la pieza n.º 7, ese timón aparecerá algo inclinado, es decir el borde anterior quedará más alto que el posterior.

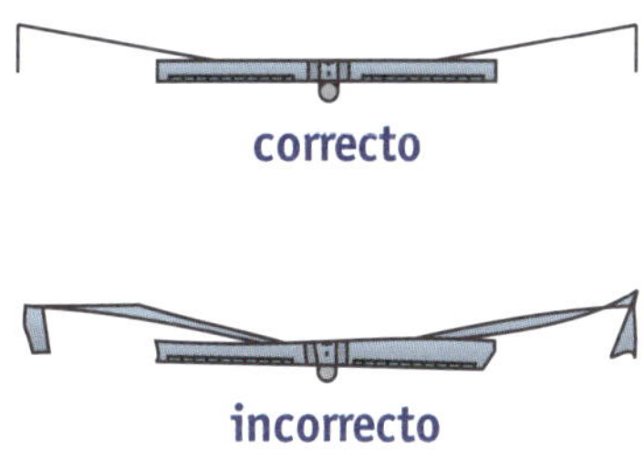


8 Vista frontal del avión terminado. Las alas, el fuselaje y los timones direccionales no deben quedar torcidos.

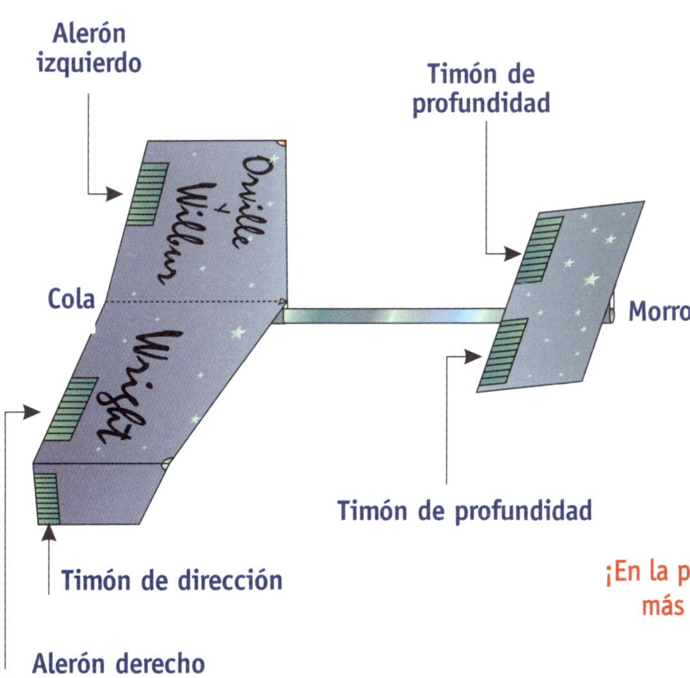


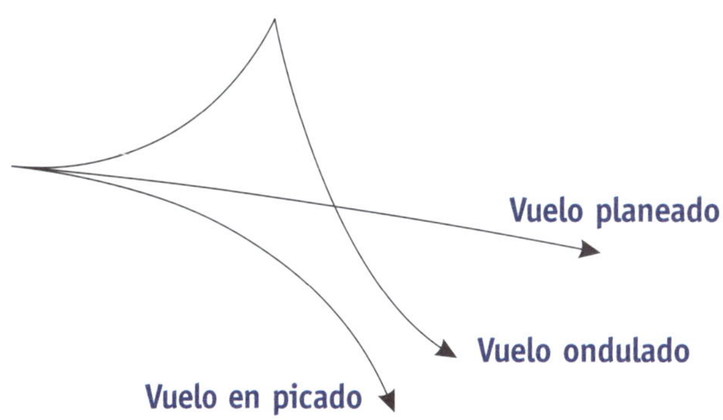


¡En la página 5 están las instrucciones más importantes para equilibrar el avión!

# Louis Blériot

Louis Blériot nació en 1872 en Cambrai (Francia). Fundó una empresa de fabricación de faros para automóviles, pero le resultó tan fascinante la aparición de la aviación que él mismo empezó a construir su propio "ornitóptero", que imitaba a los pájaros con el batir de sus alas. Más tarde lo intentó con planeadores y aviones biplanos. Después de muchos intentos acabó por creer que el futuro estaba en los aparatos monoplanos. Con su "Blériot IX" fue el primero en sobrevolar el Canal de la Mancha, desde Calais hasta Dover. El premio conseguido le sirvió para sanear sus finanzas, pues había invertido toda su fortuna en la construcción del avión. Blériot murió en París en el año 1936.

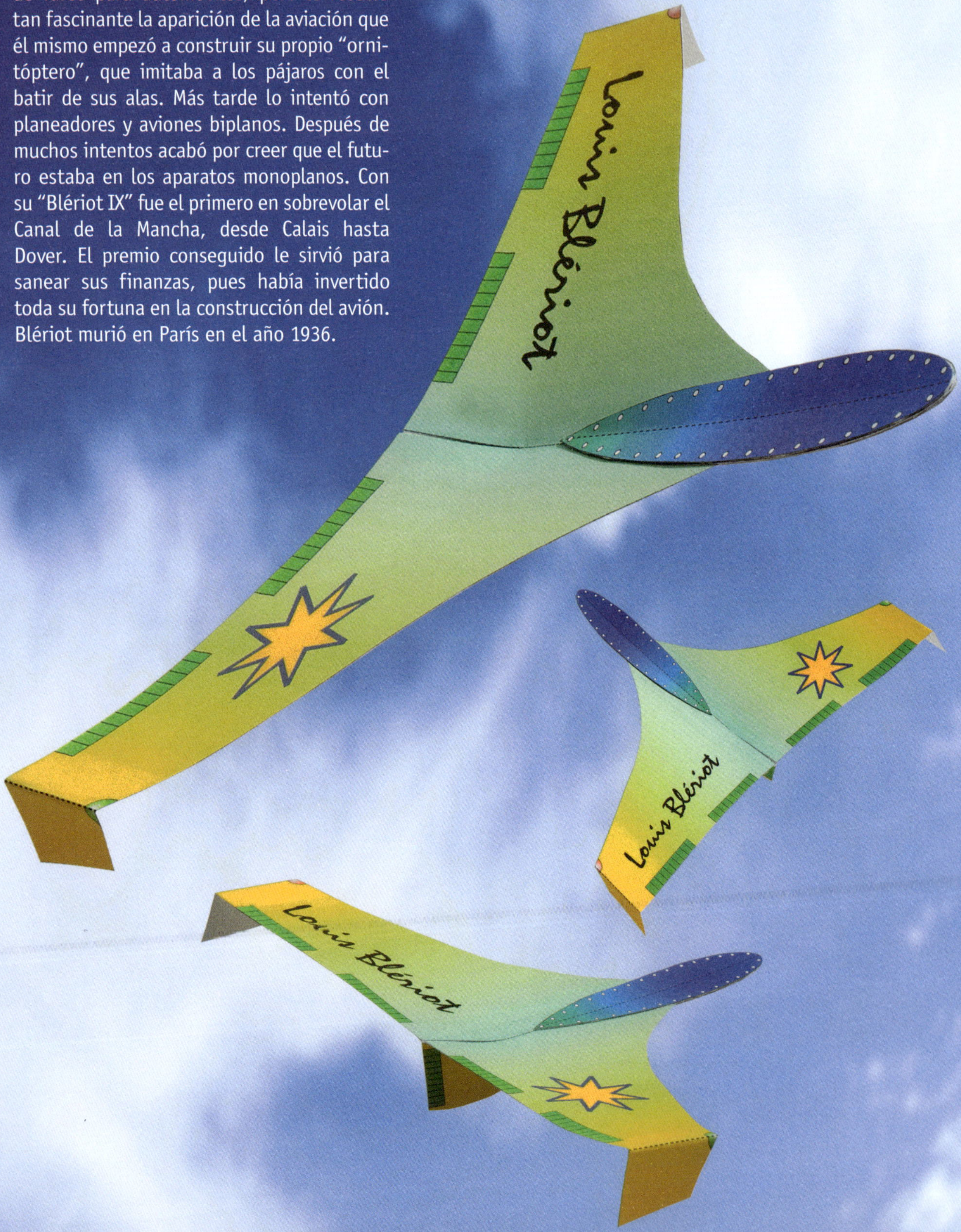

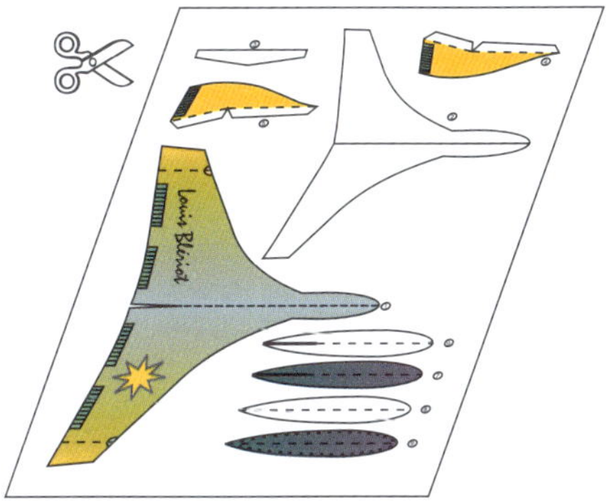

**1** Recortar las piezas de la página 43.
*Consejo:* Pintar los bordes de los cortes con un rotulador gris oscuro y así no destacarán cuando el avión esté construido del todo.

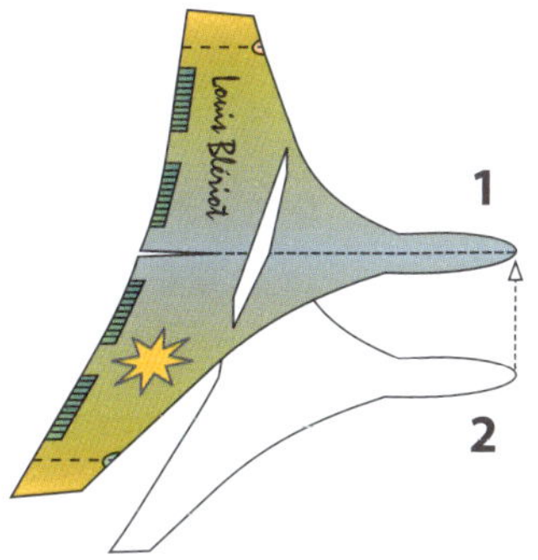


**2** Pegar la pieza n.º 1 con la 2. La línea central que lleva impresa la pieza n.º 2 debe situarse hacia abajo. Doblar las alas hacia arriba en forma de "V" por su eje central de simetría. Usar la pieza n.º 3 como guía.

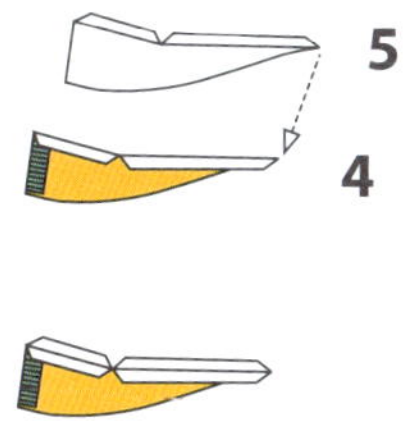


**3** Doblar hacia fuera las lengüetas de plegado y pegar las piezas n.º 4 y 5 para formar el timón de dirección.

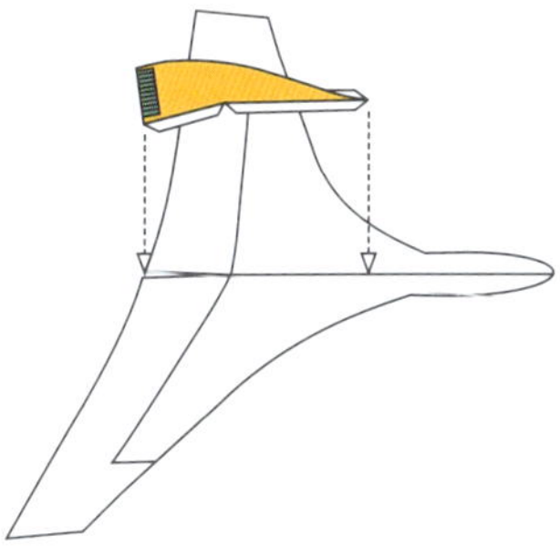

**4** Pegar el timón de dirección en la parte inferior de las alas. La curvatura del timón hace que las alas queden curvadas y que se curve la hendidura de cola.

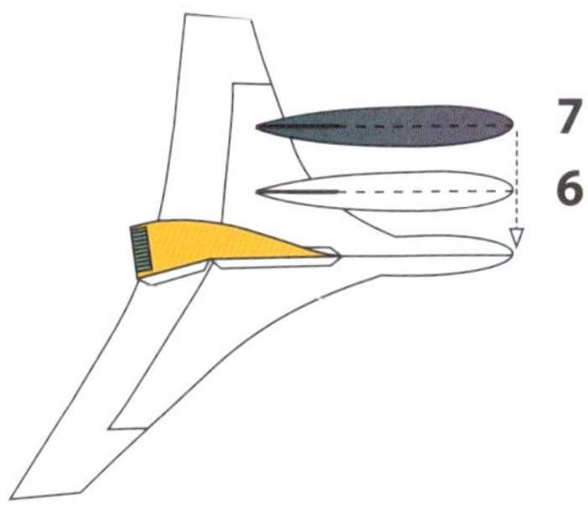


**5** Pegar las piezas n.º 6 y 7 en la parte inferior de las alas.

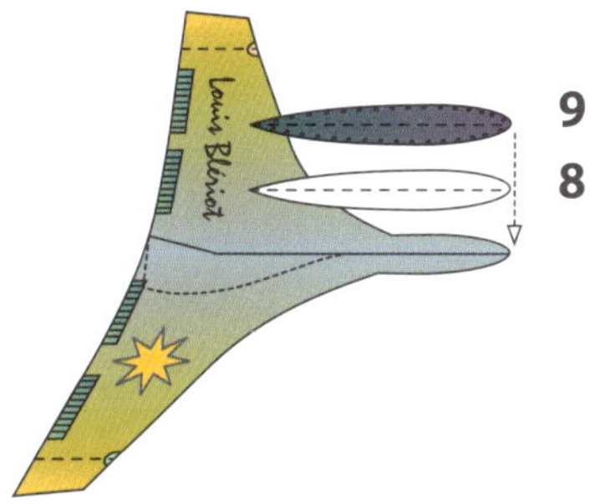


**6** Pegar las piezas n.º 8 y 9 en la parte superior de las alas. El timón de dirección está representado con una línea discontinua debajo de las alas.

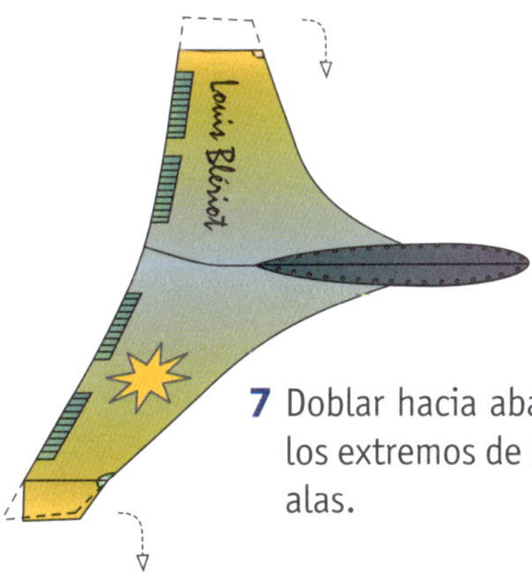

**7** Doblar hacia abajo los extremos de las alas.

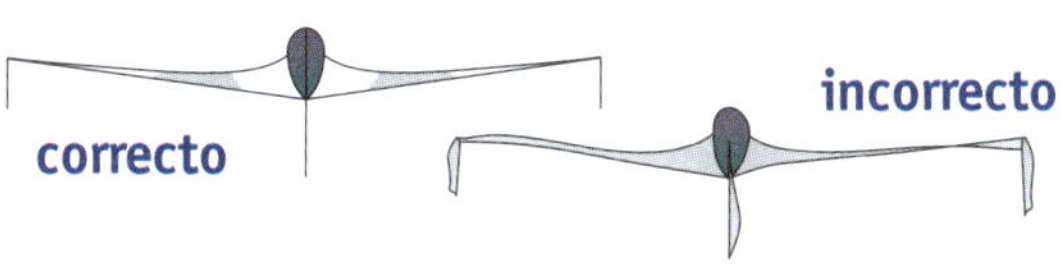


**8** Las alas, el fuselaje y los timones direccionales no deben quedar torcidos.

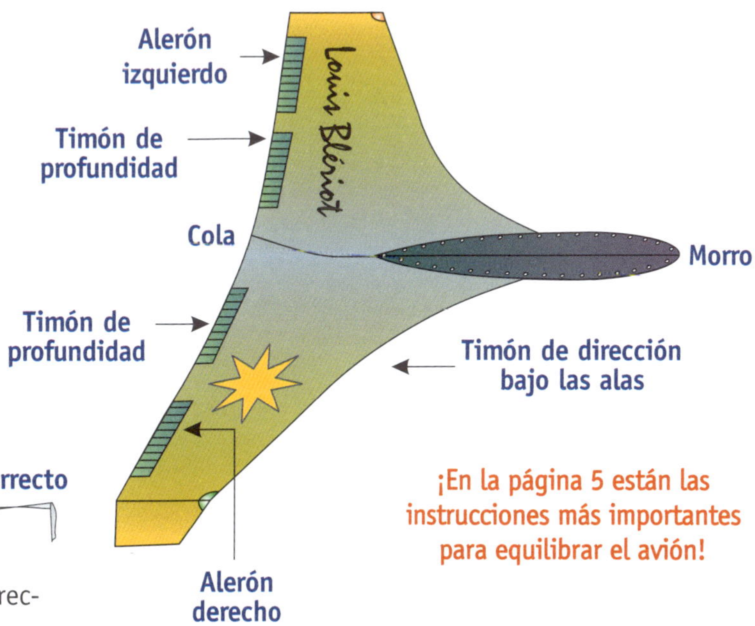


**¡En la página 5 están las instrucciones más importantes para equilibrar el avión!**

# Paul Cornu

Paul Cornu nació en 1881 en la localidad francesa de Glos-la-Ferrière. Si bien se estableció como ingeniero dedicado a la fabricación de bicicletas, acabó por desarrollar el primer helicóptero tripulado. Con la construcción del aparato, que también se denominó la "bicicleta voladora", hizo su primer vuelo en 1907: duró 20 segundos y se mantuvo a 30 centímetros de altura sobre el suelo. Ha sido considerado como el primer vuelo tripulado en helicóptero y así ha pasado a la historia de la navegación aérea. Sin embargo, aquella estructura no era controlable y fue abandonada al cabo de algunos vuelos. Cornu murió en 1944 en Normandía cuando su casa fue alcanzada por un bombardeo.

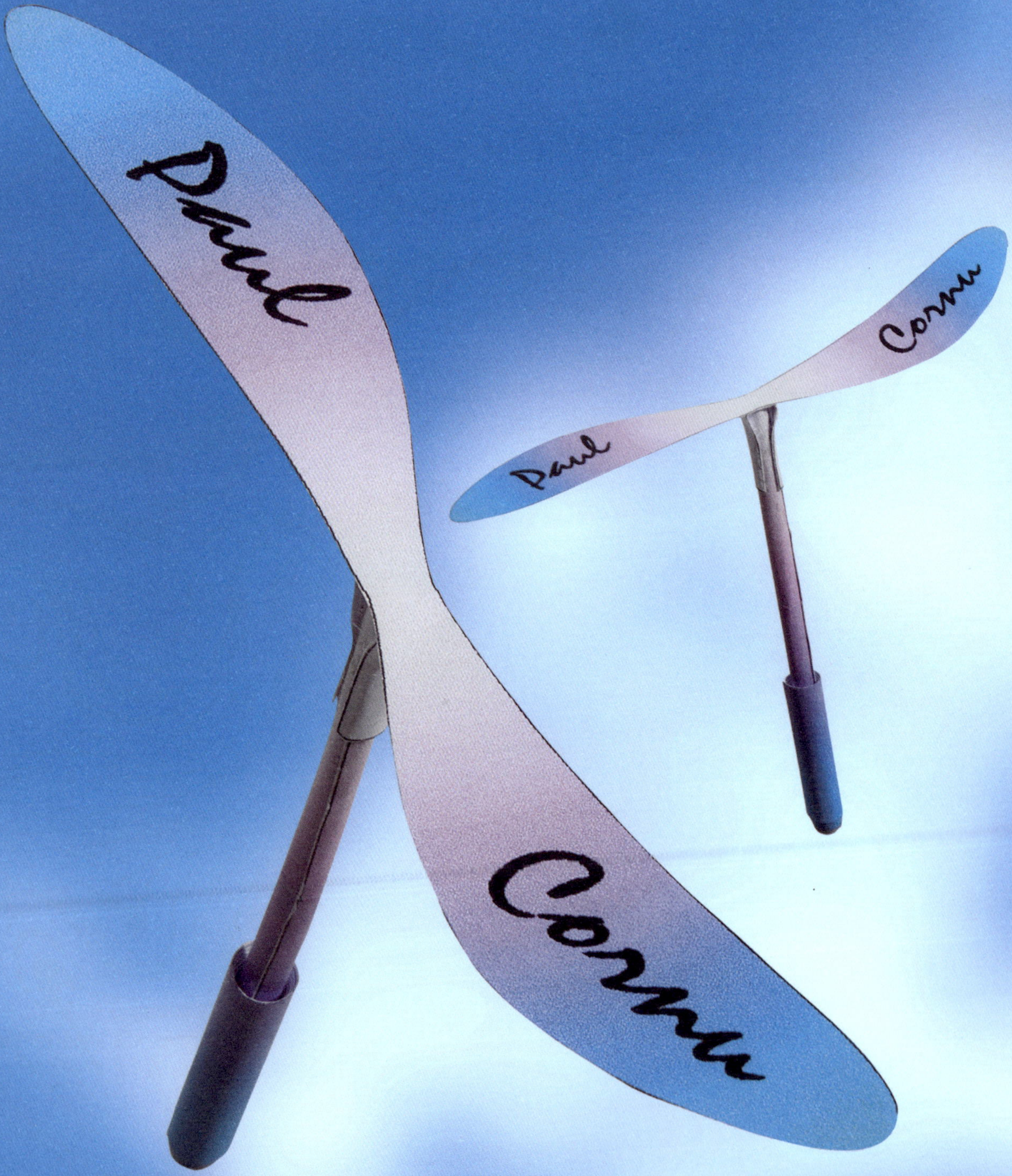

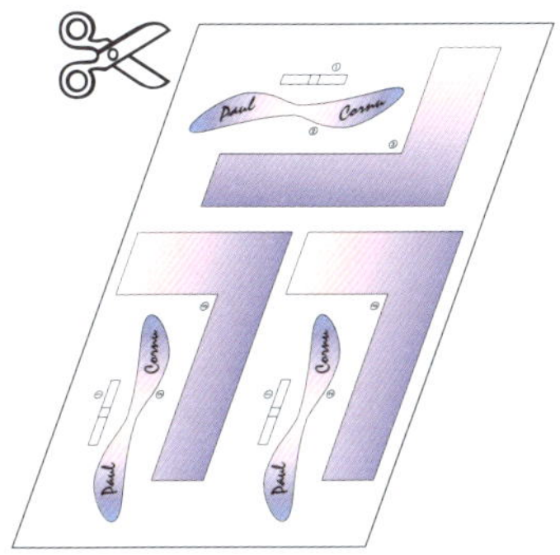


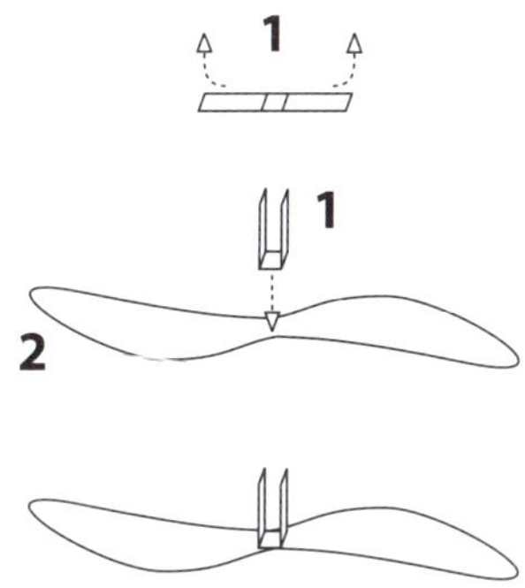


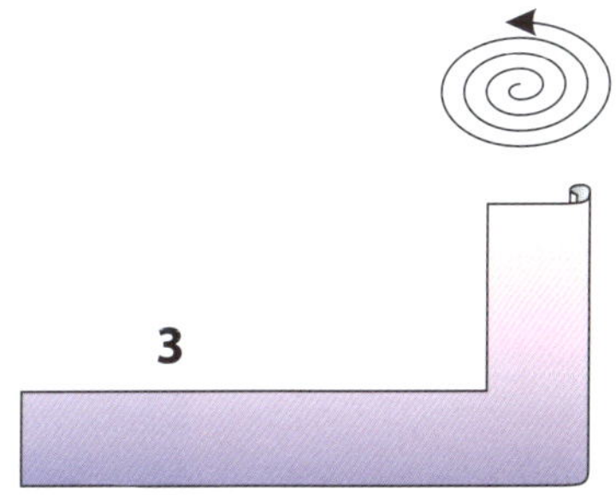


**1** Recortar las piezas de la página 45, que corresponden a tres helicópteros.

**2** Doblar la pieza 1 como se indica en la ilustración y pegarla en el centro de la parte inferior no coloreada de la hélice (pieza n.º 2)

**3** Enrollar la pieza n.º 3 para formar un tubo de 5 mm de diámetro y pegar.

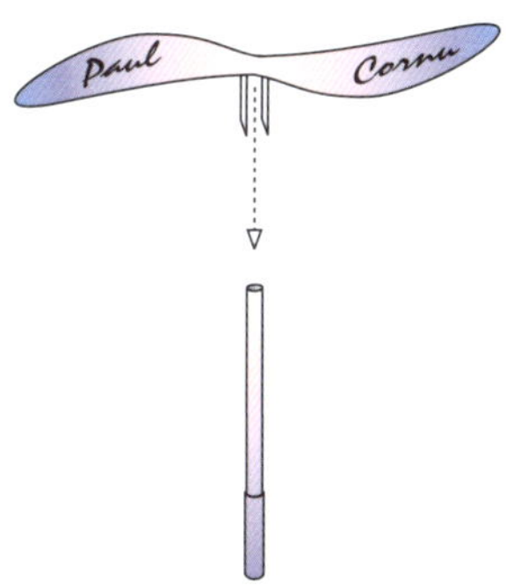


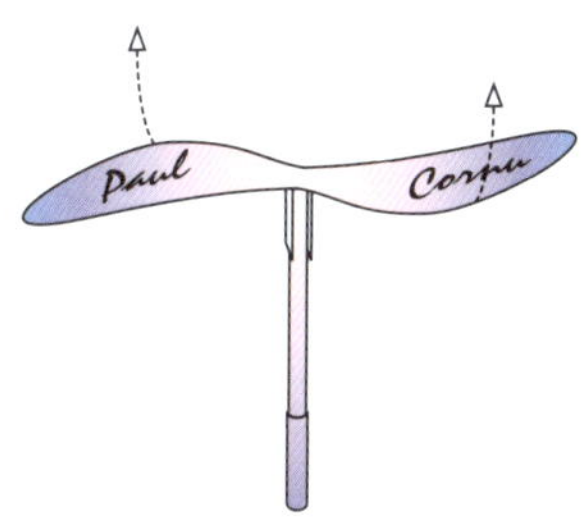


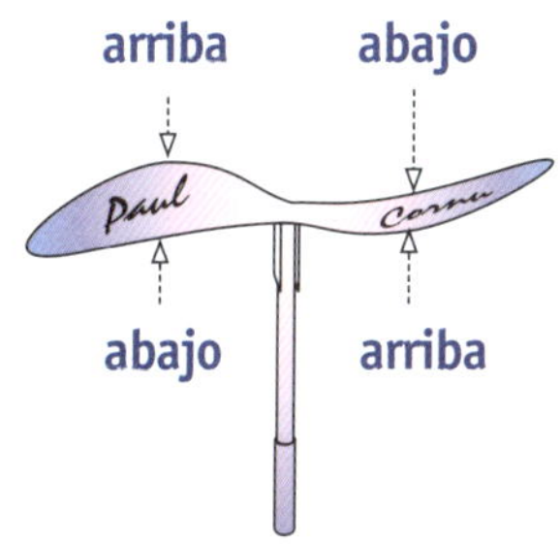


**4** Pegar el tubo en el rotor. La parte más gruesa y pesada debe quedar abajo.

**5** Las palas opuestas del rotor deben alabearse (girar).

**6** Las palas del rotor deben verse así.

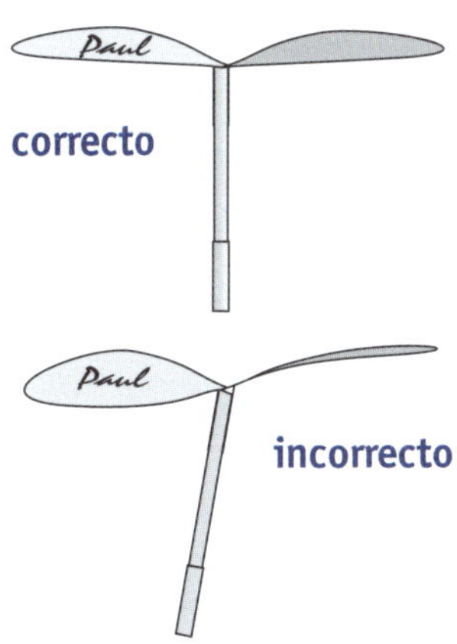


**7** Vista frontal del helicóptero terminado. El rotor y el vástago no deben quedar torcidos.

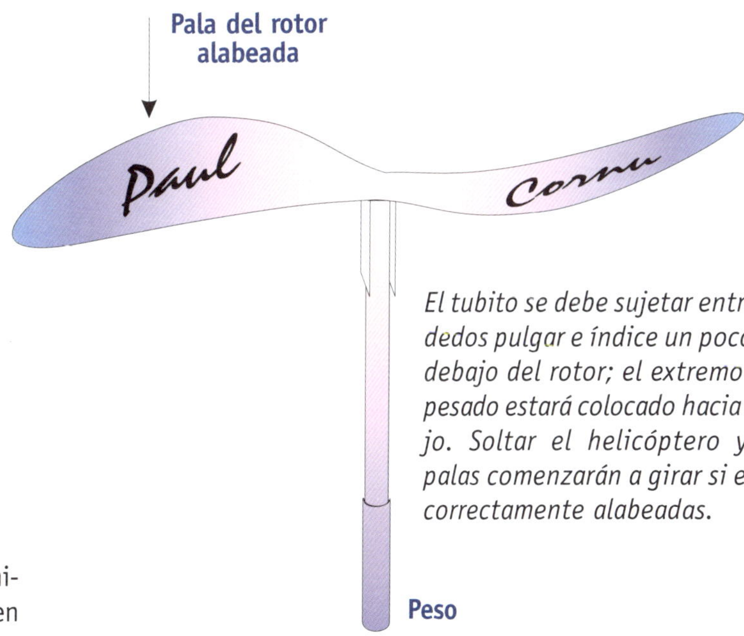


*El tubito se debe sujetar entre los dedos pulgar e índice un poco por debajo del rotor; el extremo más pesado estará colocado hacia abajo. Soltar el helicóptero y las palas comenzarán a girar si están correctamente alabeadas.*

# Melli Beese

Melli Beese nació en 1886 en la localidad alemana de Laubegast bei Dresden. A pesar de las numerosas enemistades que se granjeó y los innumerables sabotajes de sus colegas, que la veían como una peligrosa rival en un oficio netamente masculino, fue la primera mujer alemana que, en 1911, consiguió aprobar los estudios y convertirse en piloto. En 1912 fundó su propia escuela de pilotaje y una fábrica de aviones. Cuando se desencadenó la Primera Guerra Mundial ella y su marido, que era francés, fueron declarados extranjeros hostiles y tuvo que cerrar tanto la escuela de vuelo como la fábrica. Su recién desarrollado hidroavión fue destrozado en público. Después de la guerra no tuvo éxito para volver a consolidarse y se suicidó en 1925. Su último mensaje, escrito en una hoja de papel, rezaba: "Volar es necesario, pero vivir no".

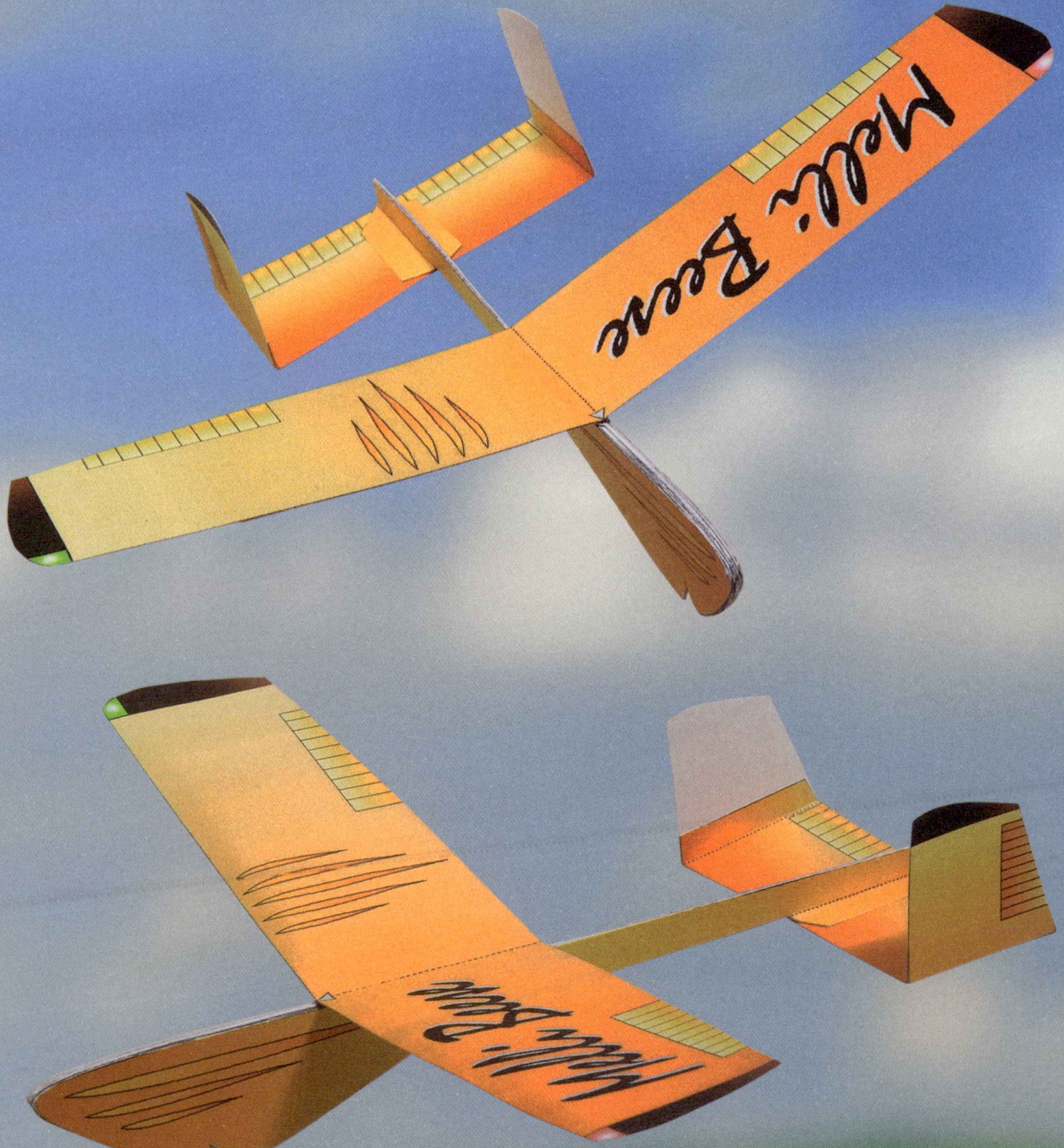

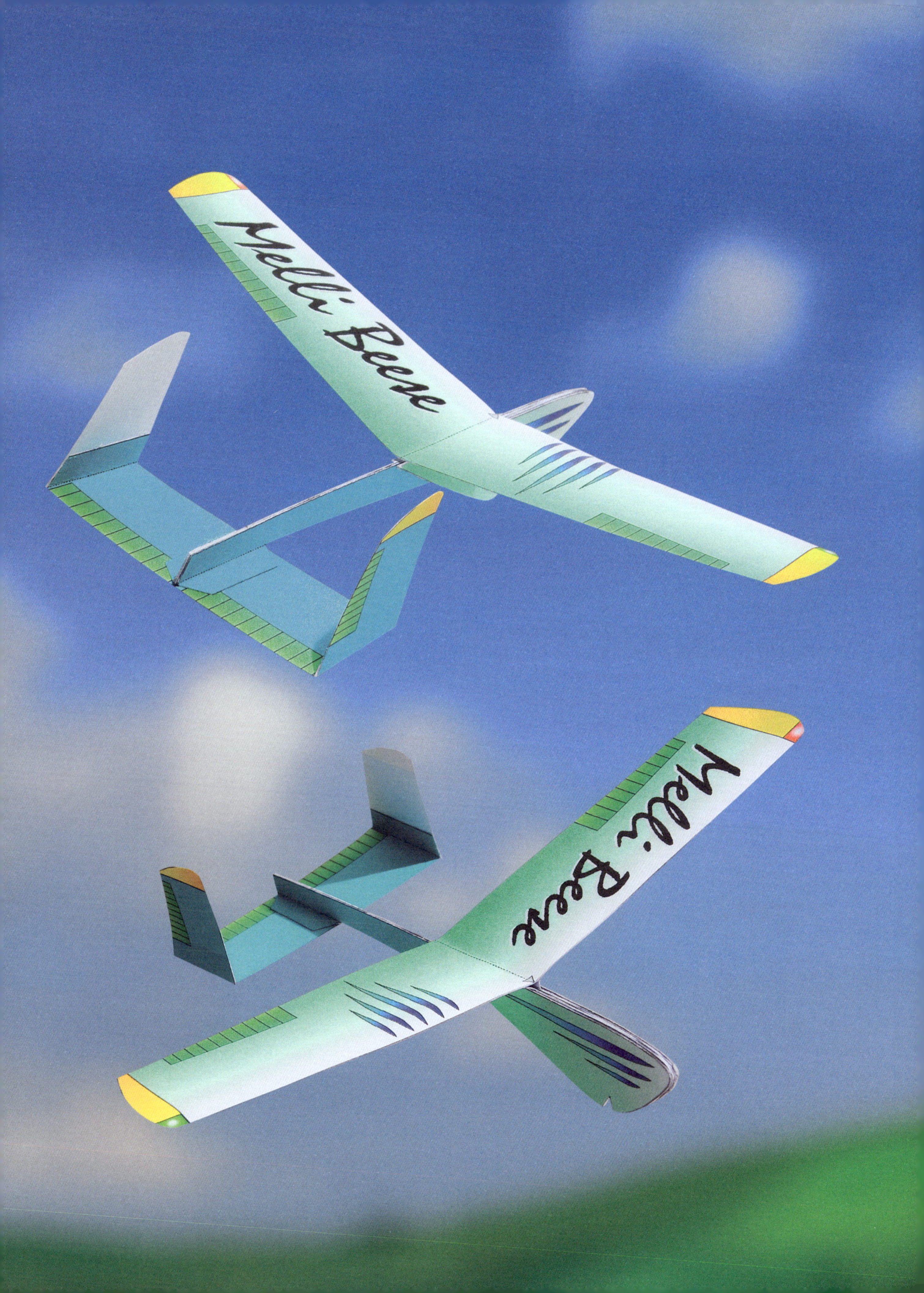
Melli Beese
Melli Beese

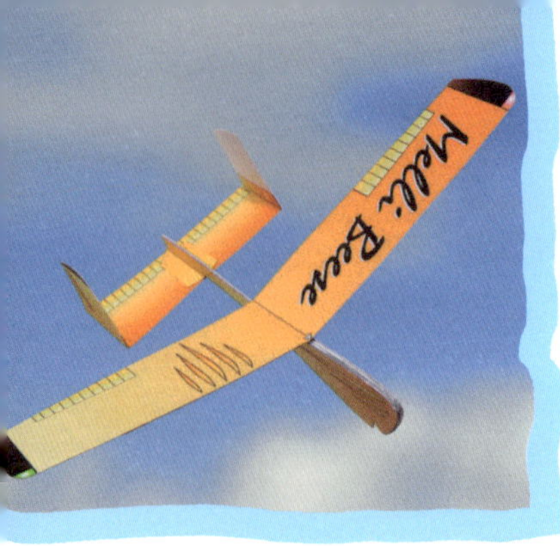

# Melli Beese

## Ilustraciones en las páginas 18 y 19

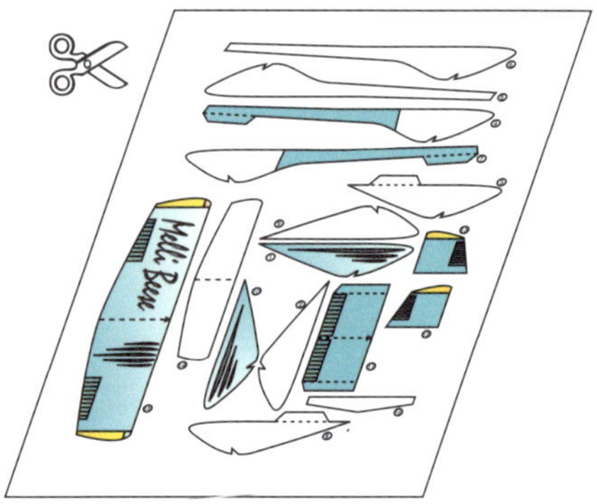

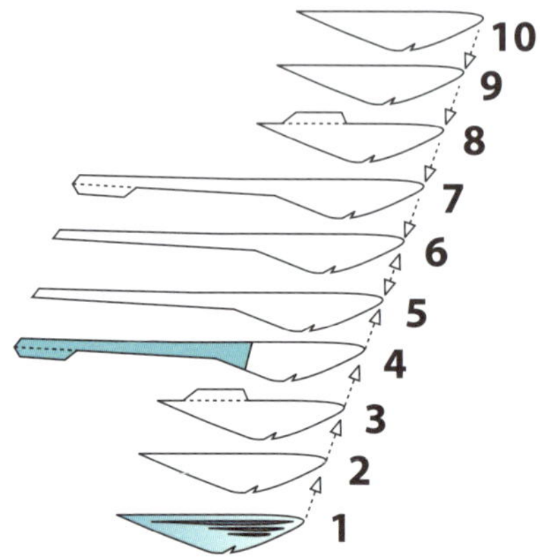


**1** Recortar las piezas de la página 47 o de la 49.
*Consejo:* Pintar los bordes de los cortes con un rotulador gris oscuro y así no destacarán cuando el avión esté construido del todo.

**2** Pegar las piezas n.º 1 a 10 tal y como se indica en la ilustración.
*Cuidado:* Las lengüetas con una línea discontinua del fuselaje sirven para unirlo a las alas y al timón de profundidad. No hay que pegarlas ya que una vez que se haya secado el fuselaje hay que abrirlas y doblarlas en ángulo recto.

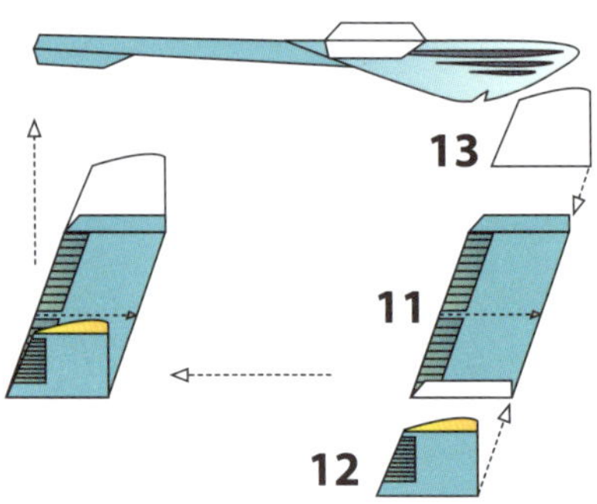


**3** Doblar las lengüetas del timón de profundidad hacia arriba (pieza n.º 11) y pegar los timones de dirección (piezas n.º 12 y 13). Cuando se haya secado, pegarlo desde abajo en las lengüetas del fuselaje.

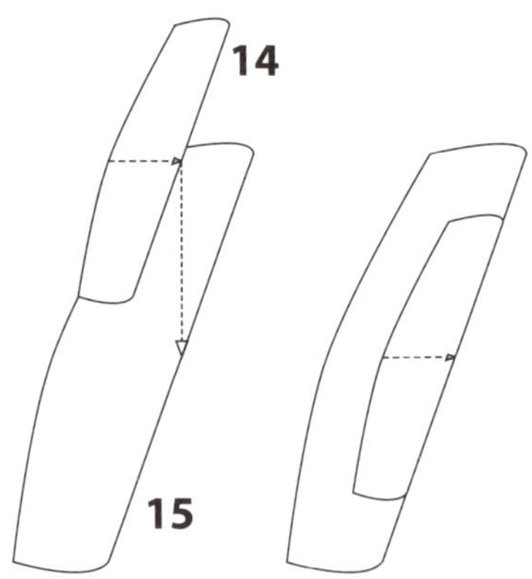


**4** La pieza n.º 16 se pegará en la parte no impresa de la pieza n.º 17. Las pequeñas marcas en forma de flecha indican la parte que debe ir delante.

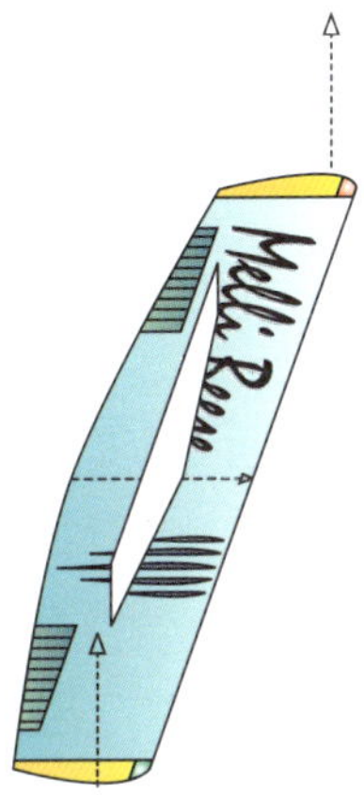

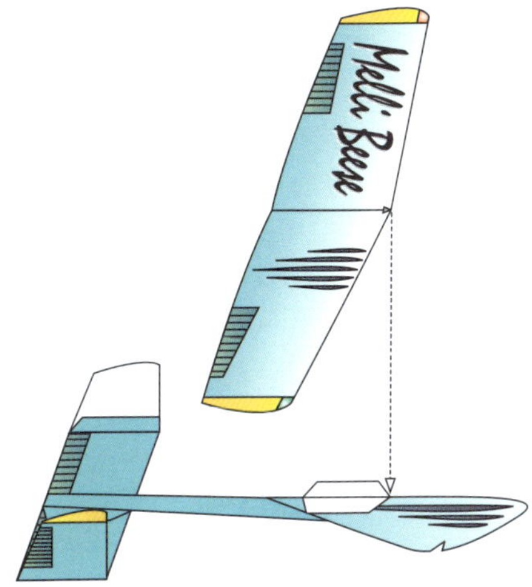

**5** Doblar las alas hacia arriba en forma de "V" por su eje central de simetría. Usar la pieza n.º 16 como guía.

**6** Pegar las alas en las lengüetas del fuselaje. La pequeña flecha indica la parte que debe ir delante.

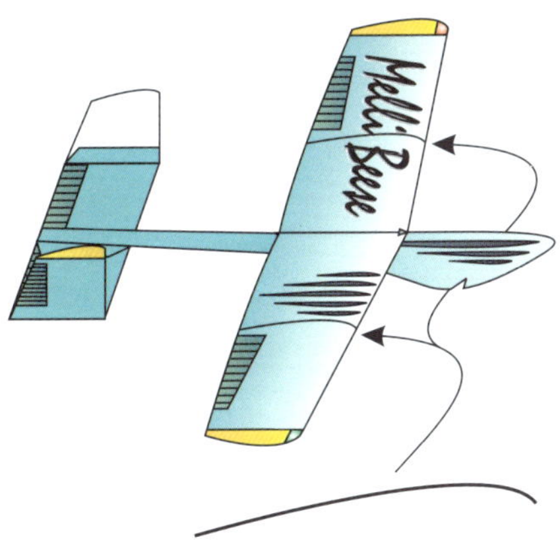

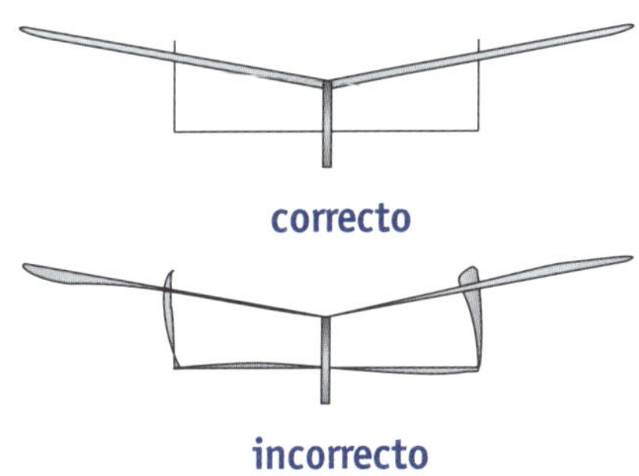


**7** Arquear las alas según se indica en la ilustración. La línea curva representa el perfil de las alas.

**8** Vista frontal del avión terminado. Las alas, el fuselaje y los timones direccionales no deben quedar torcidos.

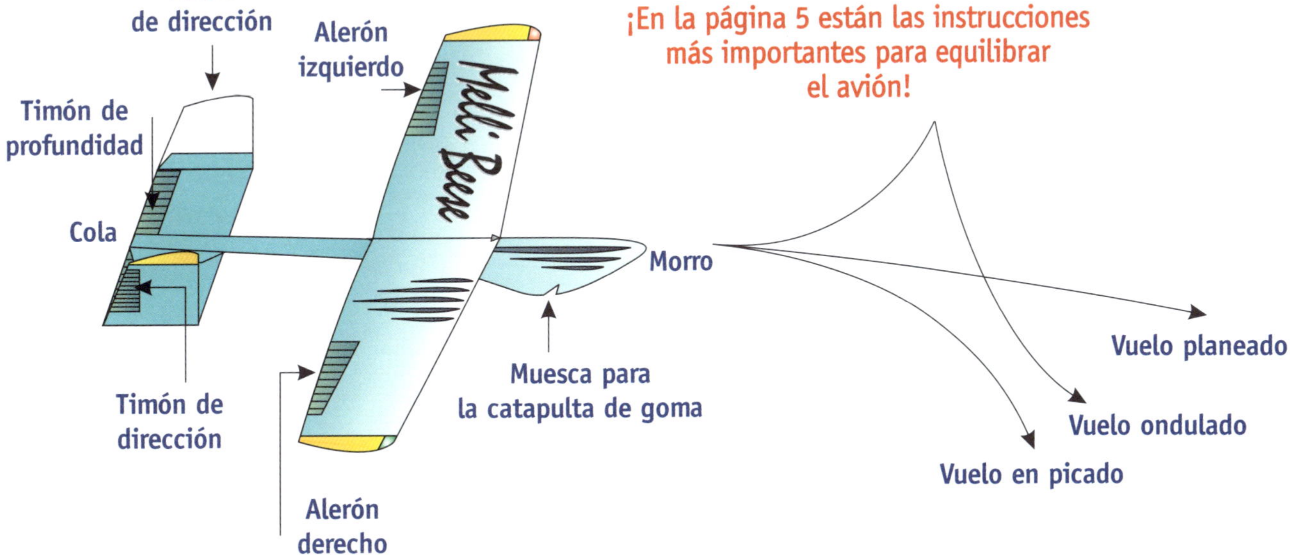


**¡En la página 5 están las instrucciones más importantes para equilibrar el avión!**

# Charles Lindbergh

Charles Lindbergh, hijo de un inmigrante sueco, nació en 1902 en Detroit (Estados Unidos). Después de interrumpir sus estudios de ingeniería mecánica, terminó su preparación como piloto y desde 1922 hasta 1924 actuó en público en vuelos acrobáticos y como paracaidista. Después de su formación como piloto militar tuvo a su cargo la línea postal del trayecto St. Louis – Chicago. En 1927 consiguió ser el primer hombre que hacía un vuelo en solitario y sin escalas por encima del Océano Atlántico, entre Nueva York y París. Aquella hazaña le convirtió en un galardonado héroe nacional y una de las figuras más conocidas de la historia de la aviación. Lindbergh falleció en 1974 en la isla hawaiana de Maui.

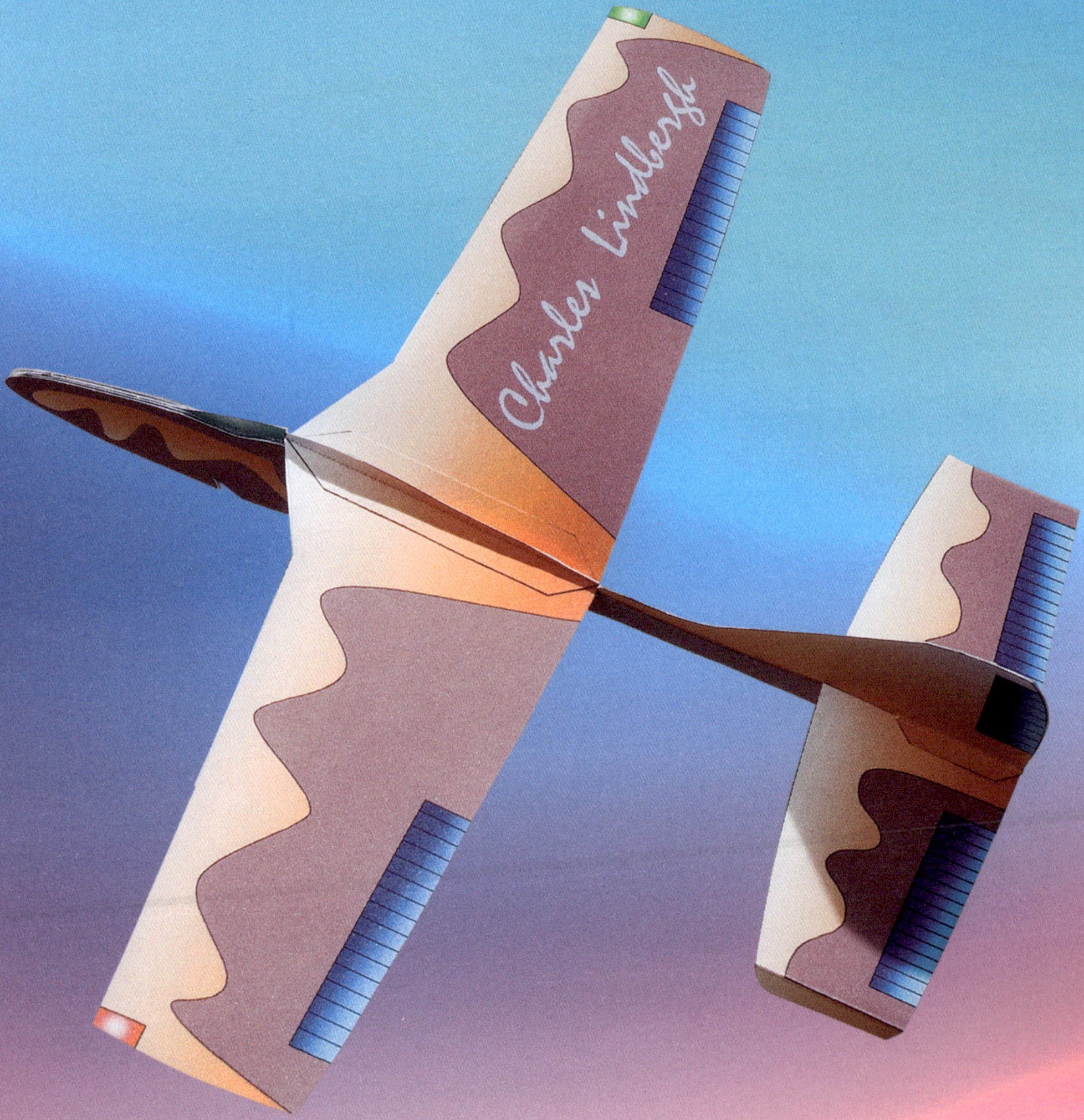

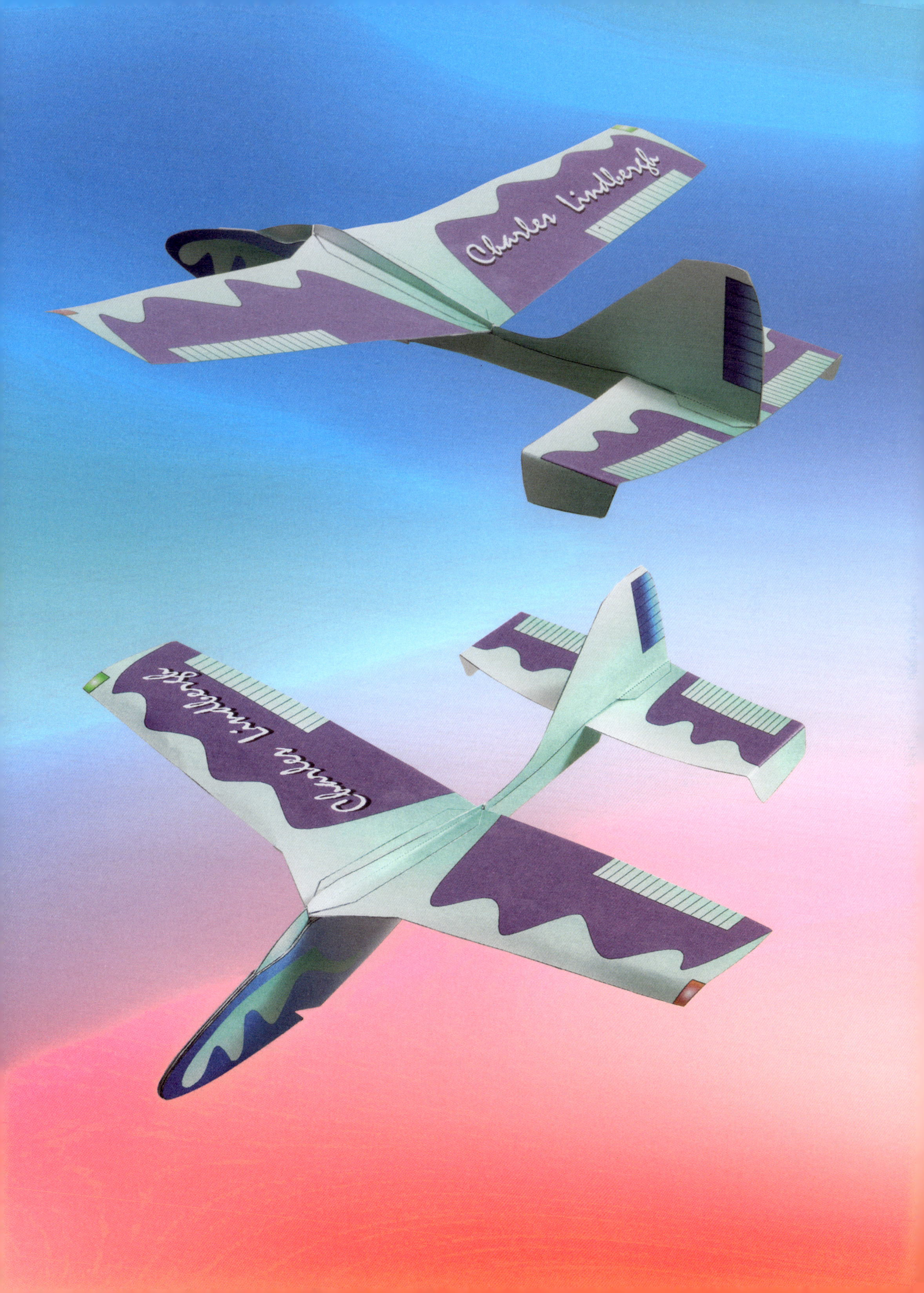
Charles Lindbergh
Charles Lindbergh

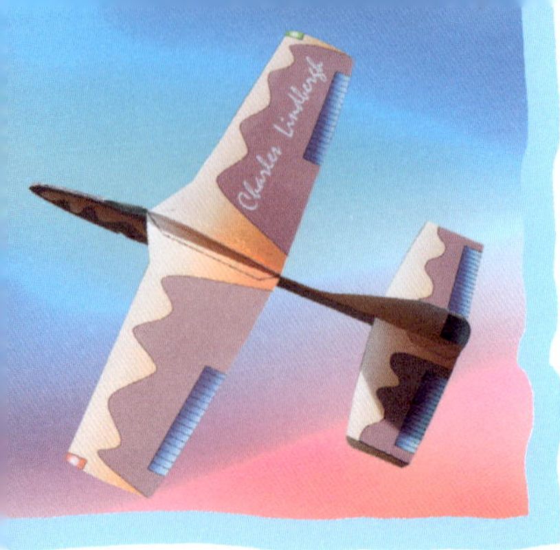

# Charles Lindbergh

## Ilustraciones en las páginas 22 y 23

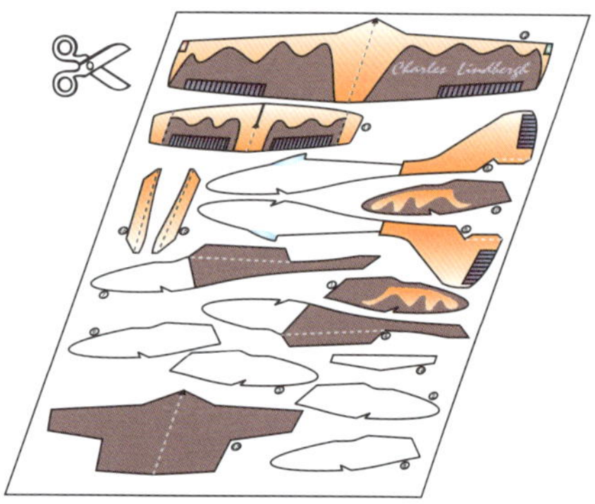

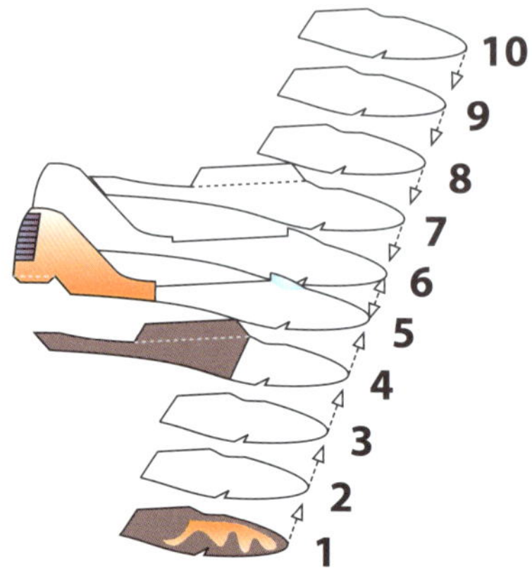


**1** Recortar las piezas de la página 51 o de la 53.
*Consejo:* Pintar los bordes de los cortes con un rotulador marrón oscuro y así no destacarán cuando el avión esté construido del todo.

**2** Pegar las piezas n.º 1 a 10 tal y cómo se indica en la ilustración.
*Cuidado:* Las lengüetas con una línea discontinua del fuselaje sirven para unirlo a las alas y al timón de profundidad. No hay que pegarlas, ya que una vez se haya secado el fuselaje, hay que abrirlas y doblarlas en ángulo recto.

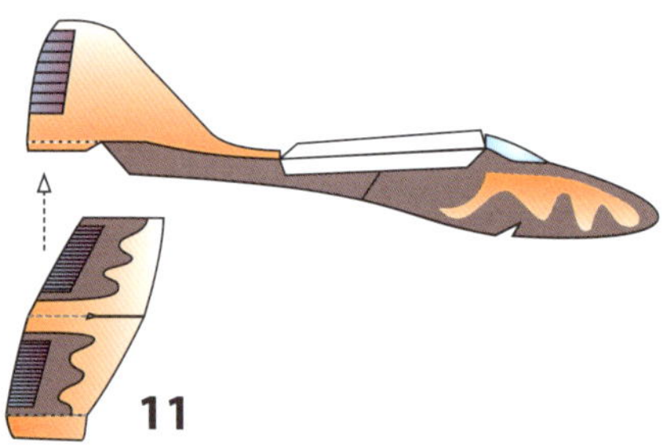


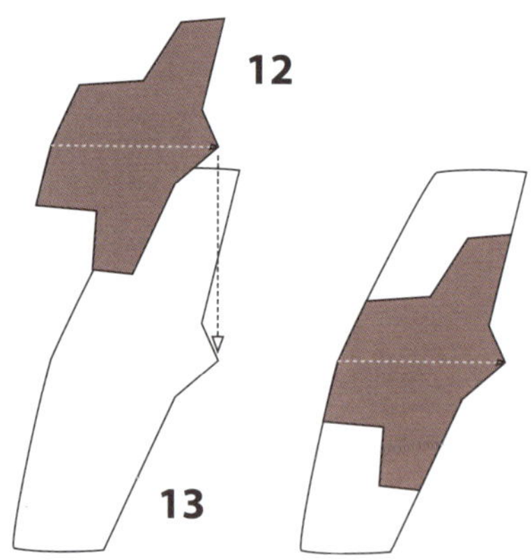


**3** Doblar los extremos del timón de profundidad hacia abajo (pieza n.º 11) y cortar por la marca hasta la mitad. El timón de profundidad se pegará en la lengüeta correspondiente del extremo del fuselaje.

**4** La pieza n.º 12 se pegará en la parte no impresa de la pieza n.º 13. Las pequeñas marcas en forma de flecha indican la parte que debe ir delante.

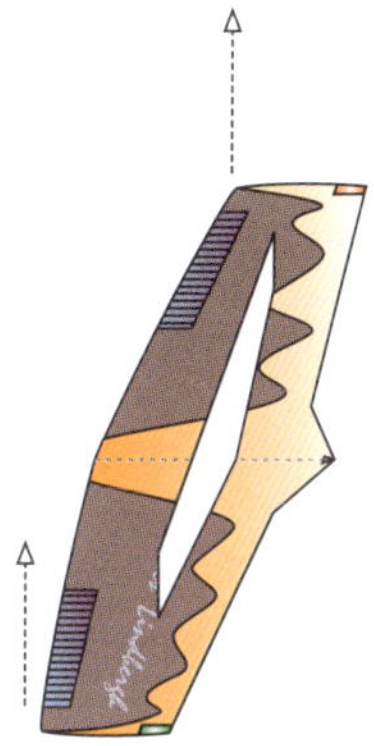

5 Doblar las alas hacia arriba en forma de "V" por su eje central de simetría. Usar la pieza n.º 14 como guía.

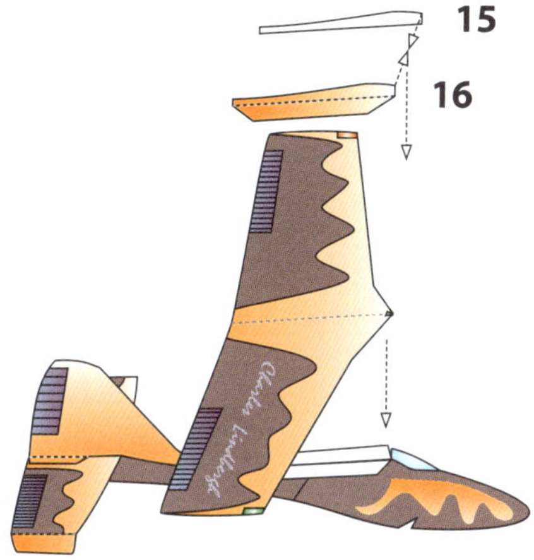


6 Pegar las alas en las lengüetas del fuselaje. La pequeña flecha indica la parte que debe ir delante. Doblar en ángulo y pegar la pieza n.º 15 o la 16 y a continuación pegarlas a las alas

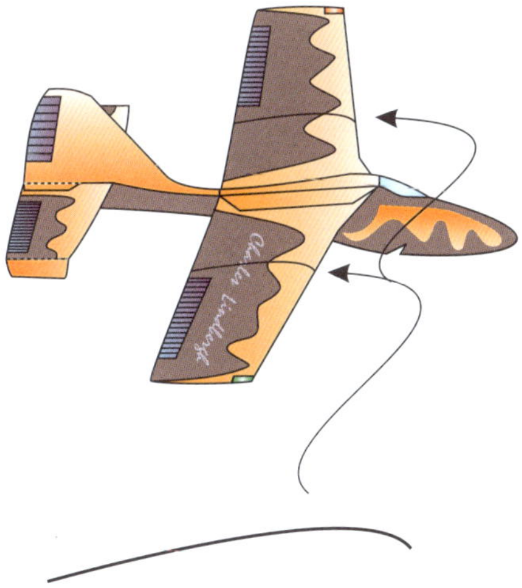

7 Arquear las alas según se indica en la ilustración. La línea curva representa el perfil de las alas.

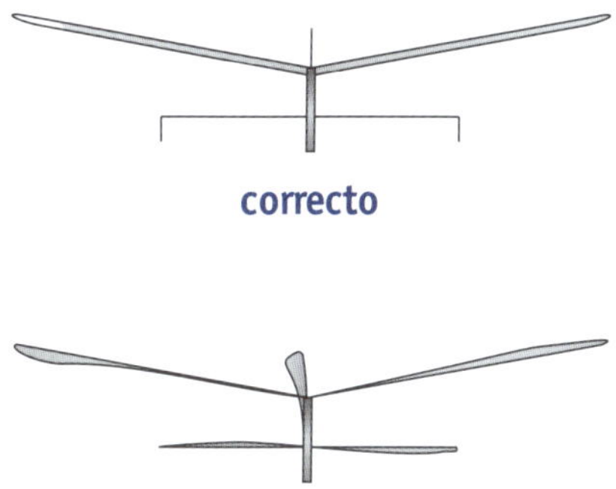


8 Vista frontal del avión terminado. Las alas, el fuselaje y los timones direccionales no deben quedar torcidos.

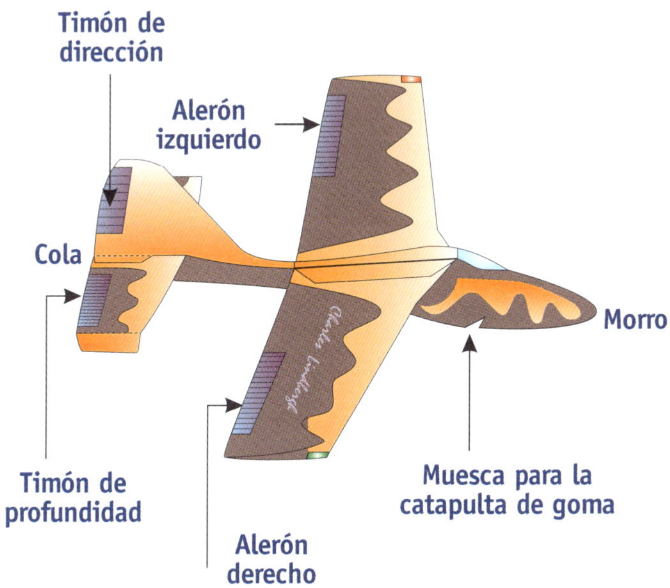


¡En la página 5 están las instrucciones más importantes para equilibrar el avión!

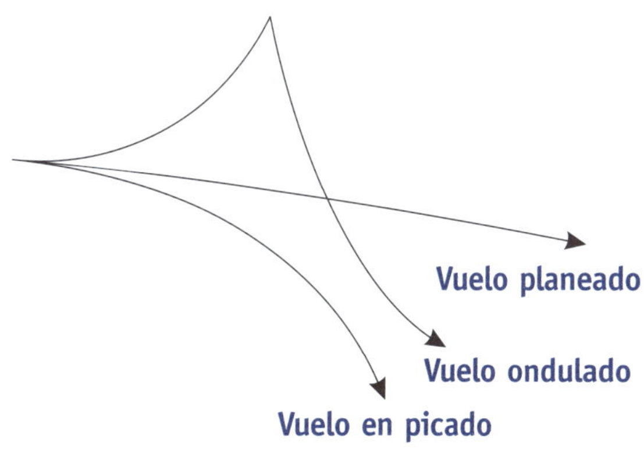

# Amelia Earhart

La piloto y feminista norteamericana Amelia Earhart nació en 1897 en Atchinson (Kansas). Abogó para reforzar la posición de la mujer en el mundo de la aviación, que estaba dominado por hombres. Con sus numerosos récords de vuelo demostró que las mujeres también eran capaces de conseguir el máximo rendimiento.

En 1937 trató de ser la primera mujer que sobrevolaba la Tierra a lo largo del Ecuador. Jamás alcanzó su última etapa, situada en la isla Howland, en el Pacífico. Dado que nunca fueron encontrados ni su cuerpo ni su avión, por aquel entonces circularon muchos rumores acerca de su desaparición.

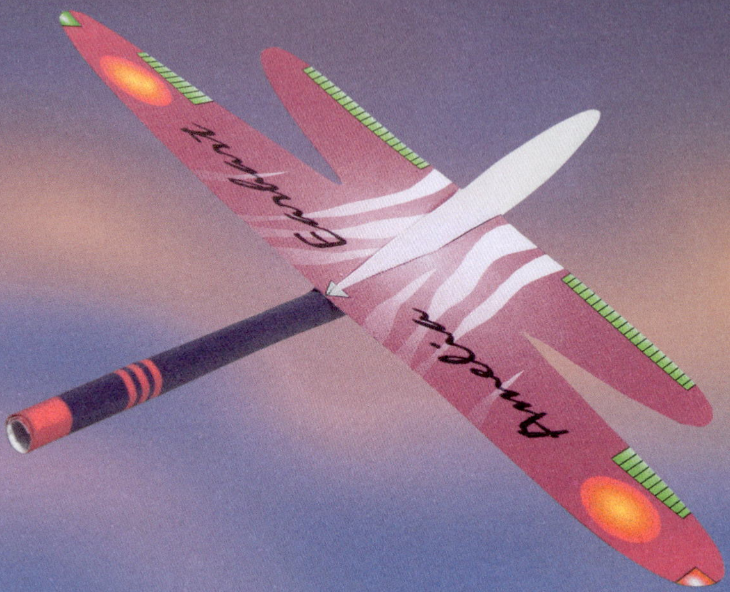


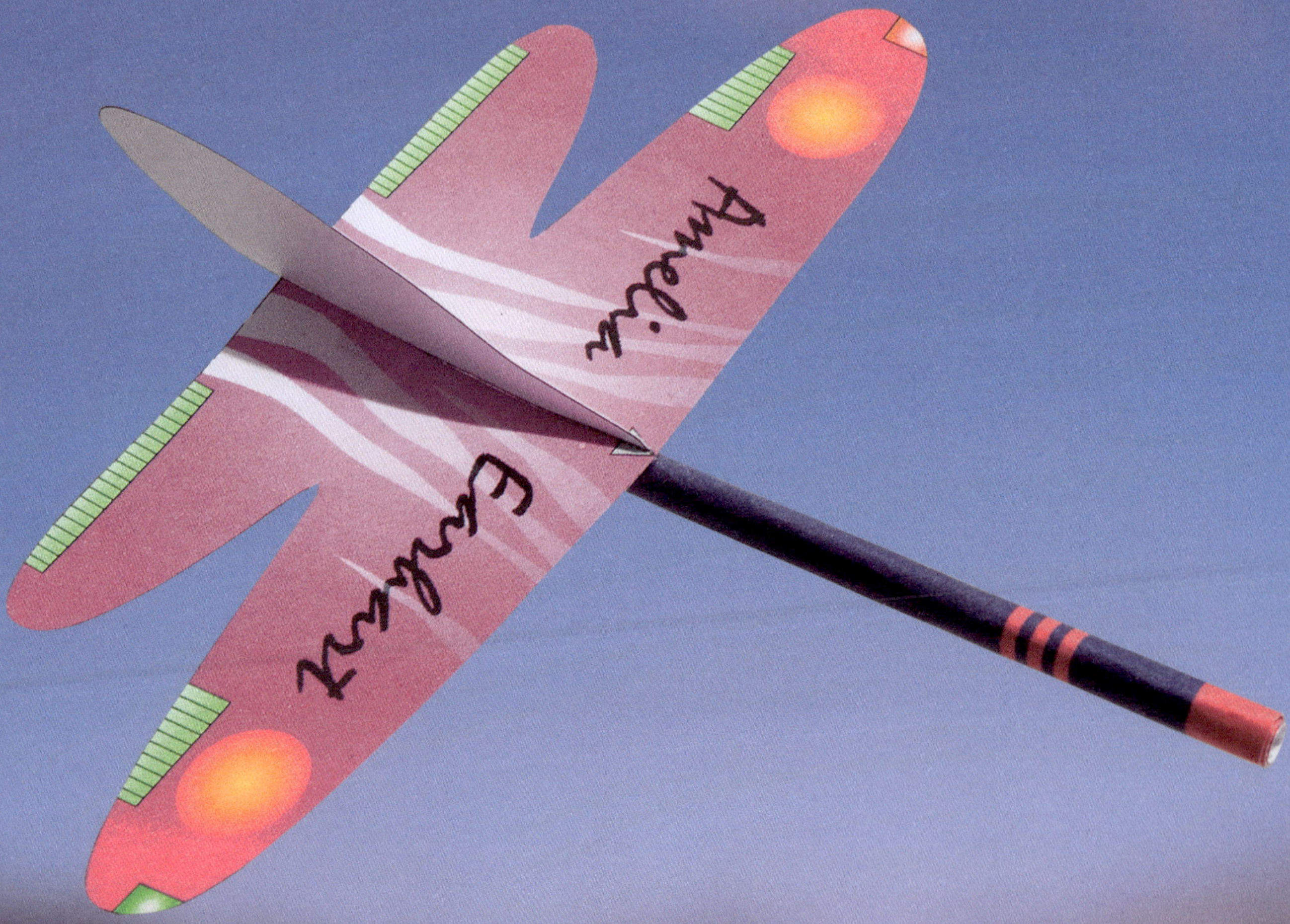

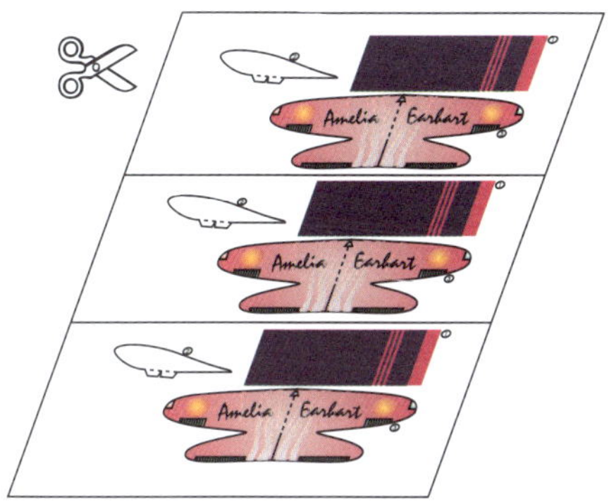


1 Recortar las piezas de la página 55, que sirven para construir tres aviones.

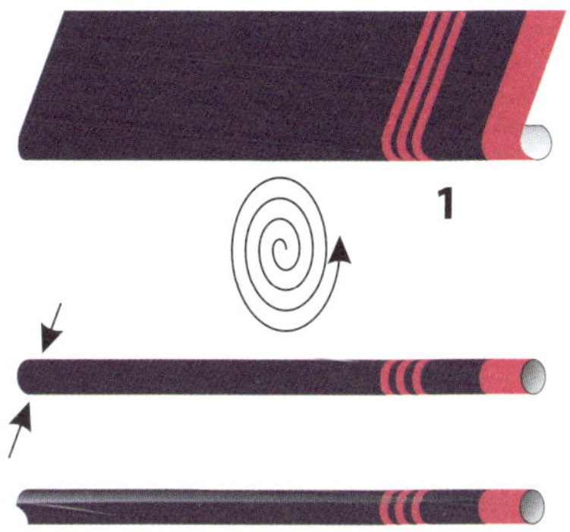


2 Enrollar la pieza n.º 1 para formar un tubo de 5 mm de diámetro y pegar. Aplastar el extremo posterior que luego servirá de agarradero para el lanzamiento.

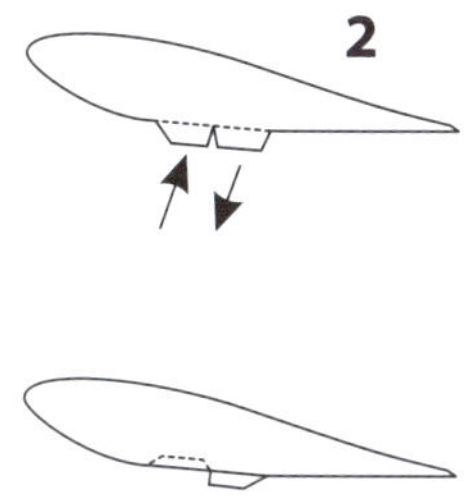


3 Doblar en ángulo recto y sentido opuesto las lengüetas de la pieza n.º 2.

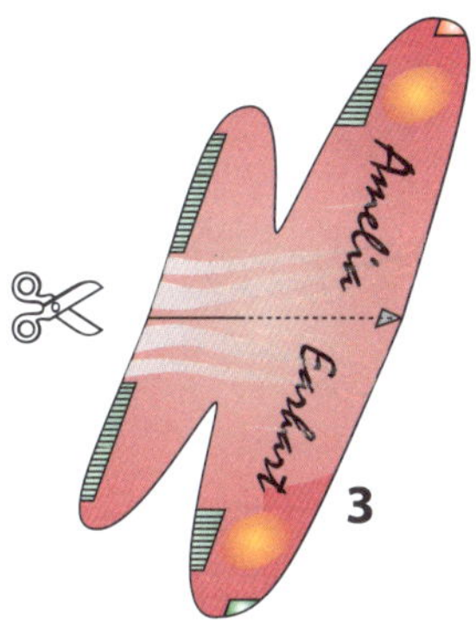


4 Cortar el extremo posterior de la pieza n.º 3 a lo largo de la línea continua que está dibujada. ¡¡No continuar el corte por la línea de trazos!!

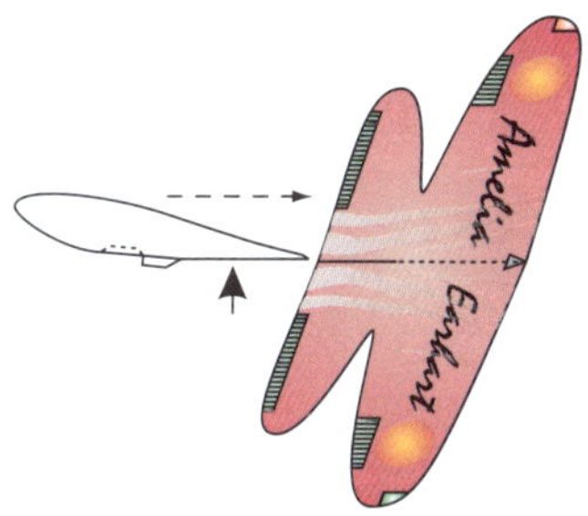


5 Cubrir con pegamento la cara superior de las lengüetas de pegado de la pieza n.º 2 y el canto inferior de la misma que, en la ilustración, está señalado con la flecha. Pegar la pieza n.º 2 en la n.º 3 de forma que las lengüetas de pegado de la pieza n.º 2 queden por debajo de la n.º 3. Debido a la forma de la pieza n.º 2, el timón de profundidad de la n.º 3 quedará un poco levantado.

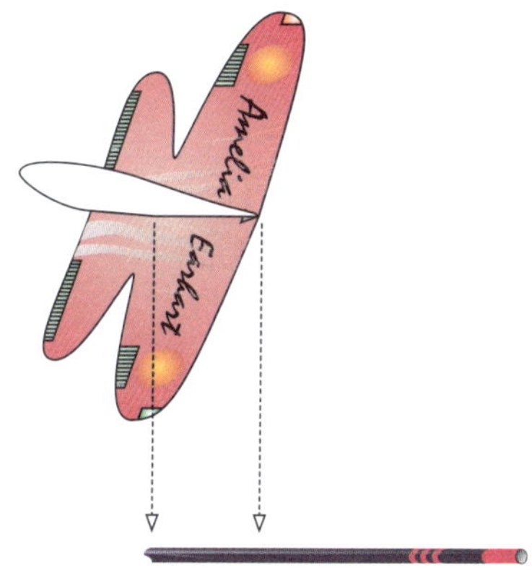


6 Pegar el fuselaje debajo de las alas. El fuselaje debe pegarse a partir de la inclinación que forma el timón de profundidad.

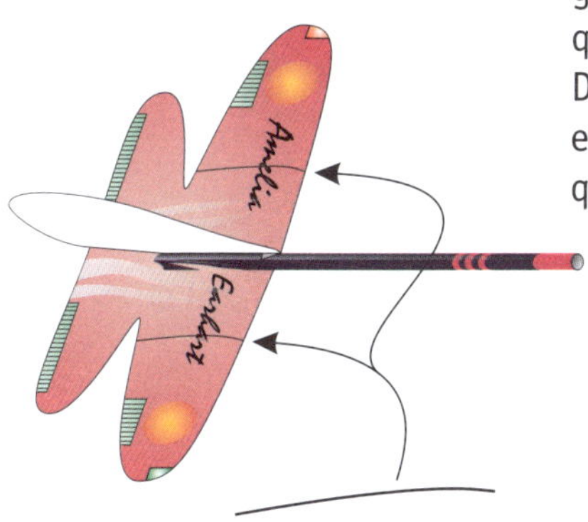


7 Arquear las alas según se indica en la ilustración. La línea curva representa el perfil de las alas.

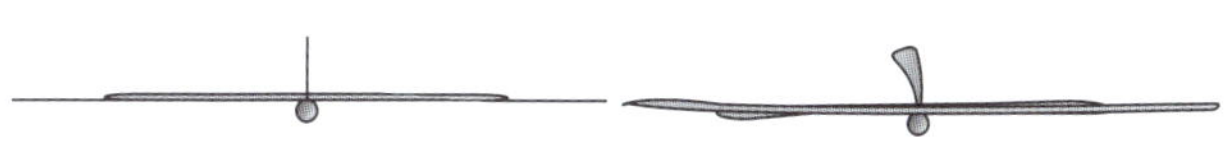

correcto | incorrecto

8 Vista frontal del avión terminado. Las alas, el fuselaje y los timones no deben quedar torcidos.

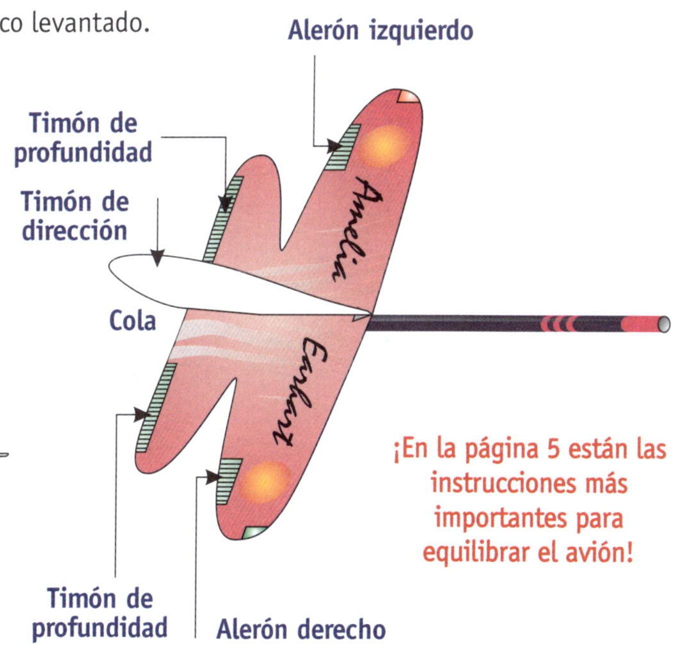


¡En la página 5 están las instrucciones más importantes para equilibrar el avión!

# Jean Mermoz

Jean Mermoz nació en 1901 en la localidad francesa de Aubenton. Inicialmente pretendió ser escritor o escultor pero a los 19 años de edad, se decidió por la profesión de piloto. Trabajó para la compañía "Latécoère", dedicada al correo aéreo, en la que como piloto-jefe hizo, entre otros, los vuelos de reconocimiento de nuevos trayectos aéreos en Sudamérica.

En 1930 obtuvo el éxito al hacer en un hidroavión la primera travesía del Atlántico Sur, desde Senegal hasta Brasil. En 1936 se estrelló y falleció en un accidente sufrido en ese mismo Atlántico Sur.

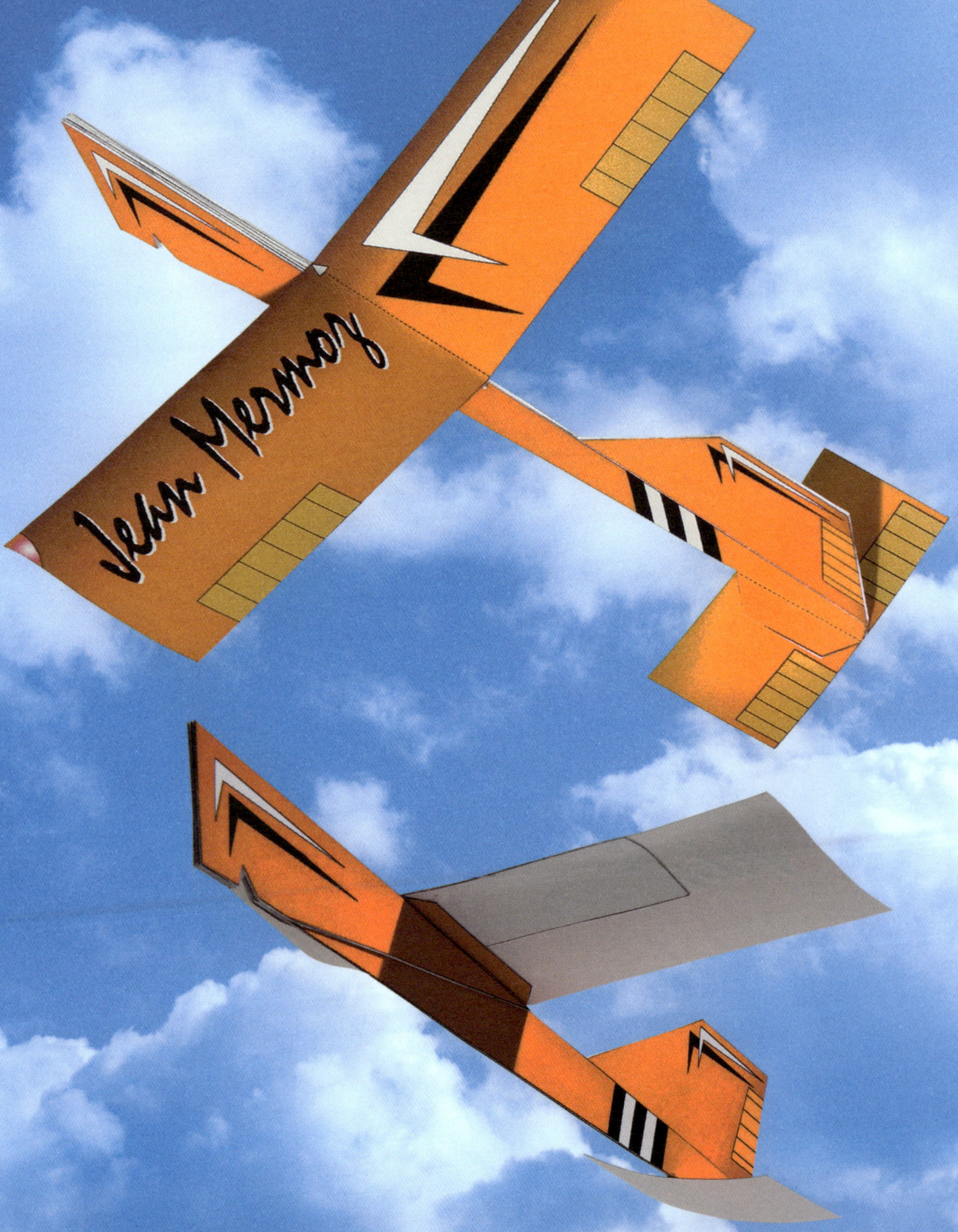

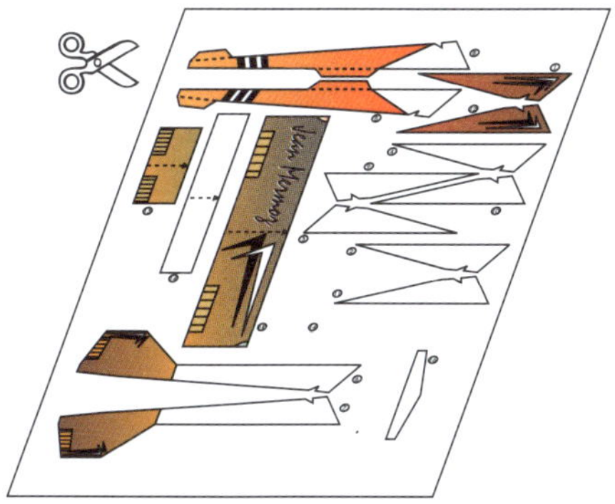

**1** Recortar las piezas de la página 57. *Consejo:* Pintar los bordes de los cortes con un rotulador gris oscuro y así no destacarán cuando el avión esté construido del todo.

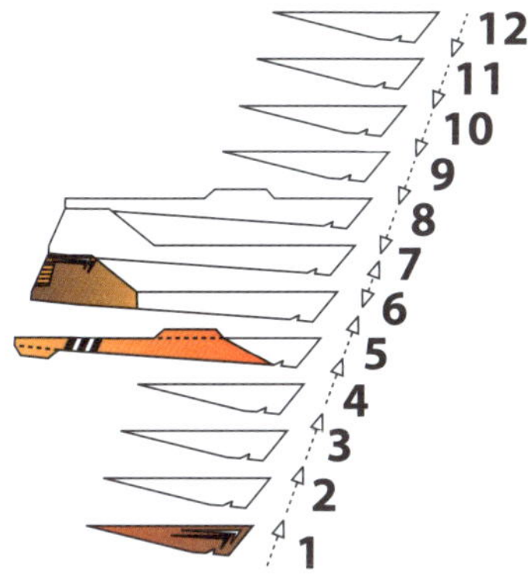


**2** Pegar las piezas n.º 1 a 12. *Cuidado:* Las lengüetas con una línea discontinua del fuselaje sirven para unirlo a las alas y al timón de profundidad. No hay que pegarlas, ya que una vez secado el fuselaje hay que abrirlas y doblarlas en ángulo recto.

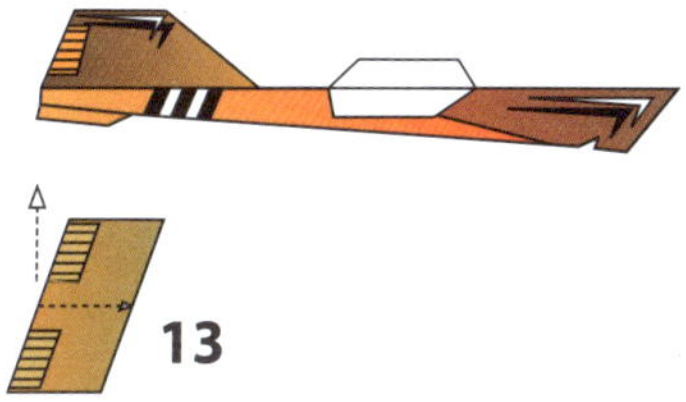


**3** La pieza n.º 13, tal y como se indica en la ilustración, se pegará en las lengüetas dobladas del extremo del fuselaje.

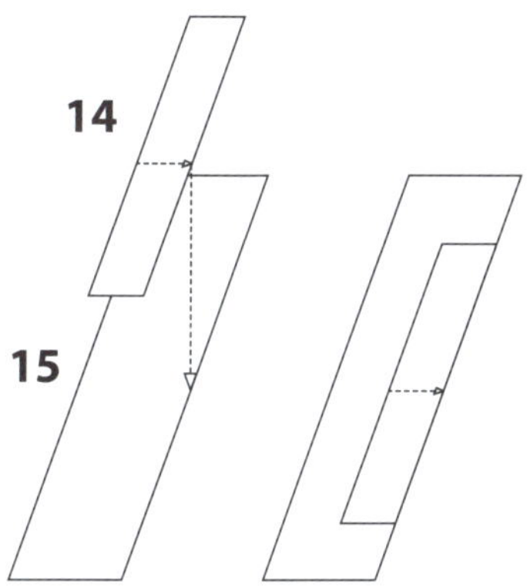


**4** La pieza n.º 14 se pegará en la parte no impresa de la pieza n.º 15. Las pequeñas flechas indican la parte que debe ir delante.

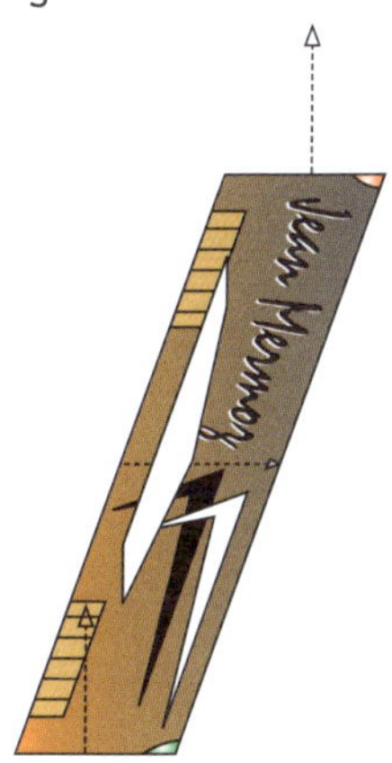

**5** Doblar las alas hacia arriba en forma de "V" por su eje central de simetría. Usar la pieza n.º 16 como guía.

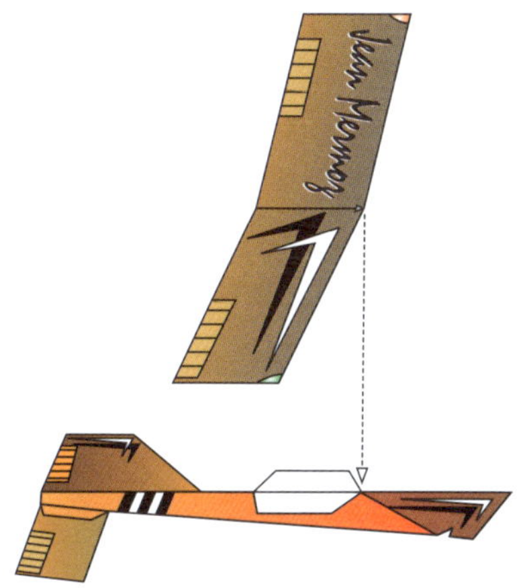

**6** Pegar las alas en las lengüetas del fuselaje. La pequeña flecha indica la parte que debe ir delante.

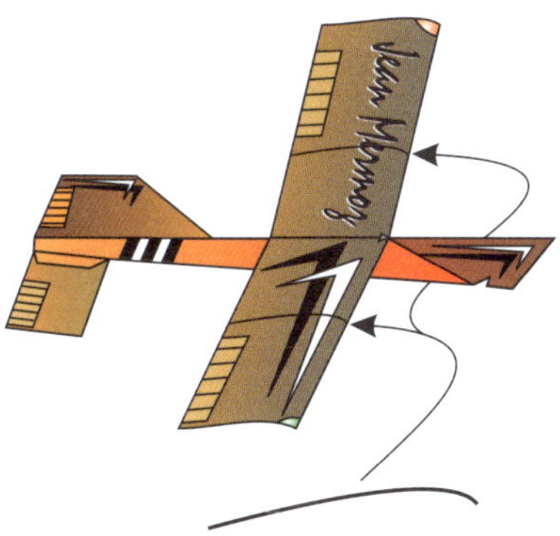

**7** Arquear las alas según se indica en la ilustración. La línea curva representa el perfil de las alas.

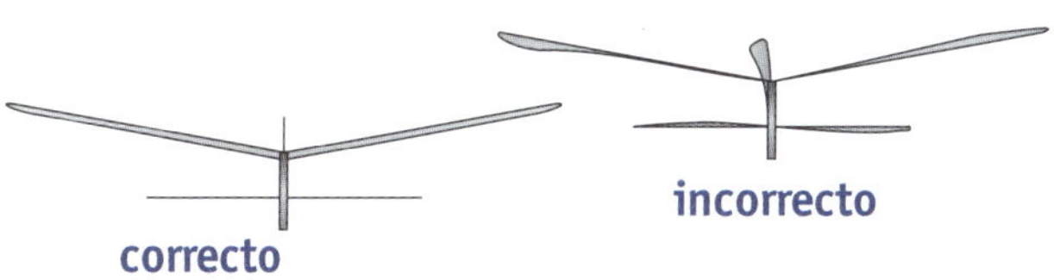


**8** Vista frontal del avión terminado. Las alas, el fuselaje y los timones no deben quedar torcidos.

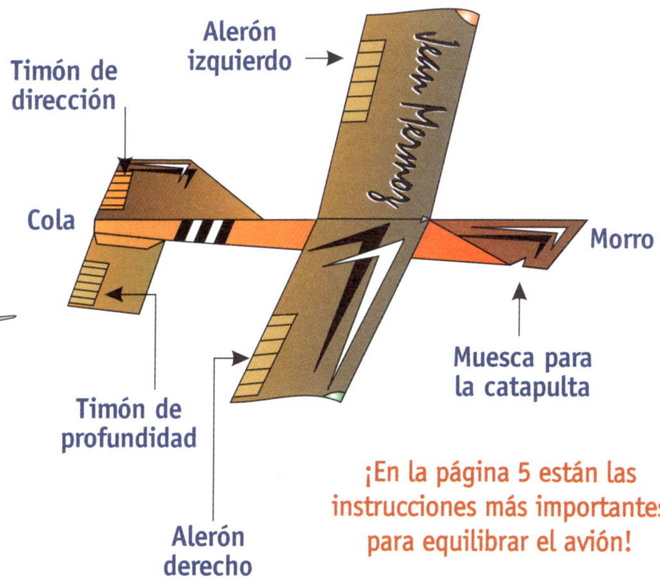


¡En la página 5 están las instrucciones más importantes para equilibrar el avión!

# Saint Exupéry

Antoine de Saint Exupéry nació en 1901 en Lyon (Francia). Obtuvo el carnet de piloto militar en 1921. En 1926 ingresó en la empresa "Compagnie Latécoère" y trabajó como piloto de correo aéreo en la línea Toulouse-Casblanca-Dakar. En 1929 fue jefe de la compañía "Aeroposta Argentina". A. Saint Exupéry no tuvó éxito por su faceta de piloto, sino como escritor y filósofo. Su obra más conocida fue "El principito". En la Segunda Guerra Mundial participó en las operaciones como piloto de reconocimiento. El 31 de julio de 1944 despegó de Córcega para hacer un vuelo de reconocimiento y no regresó jamás.

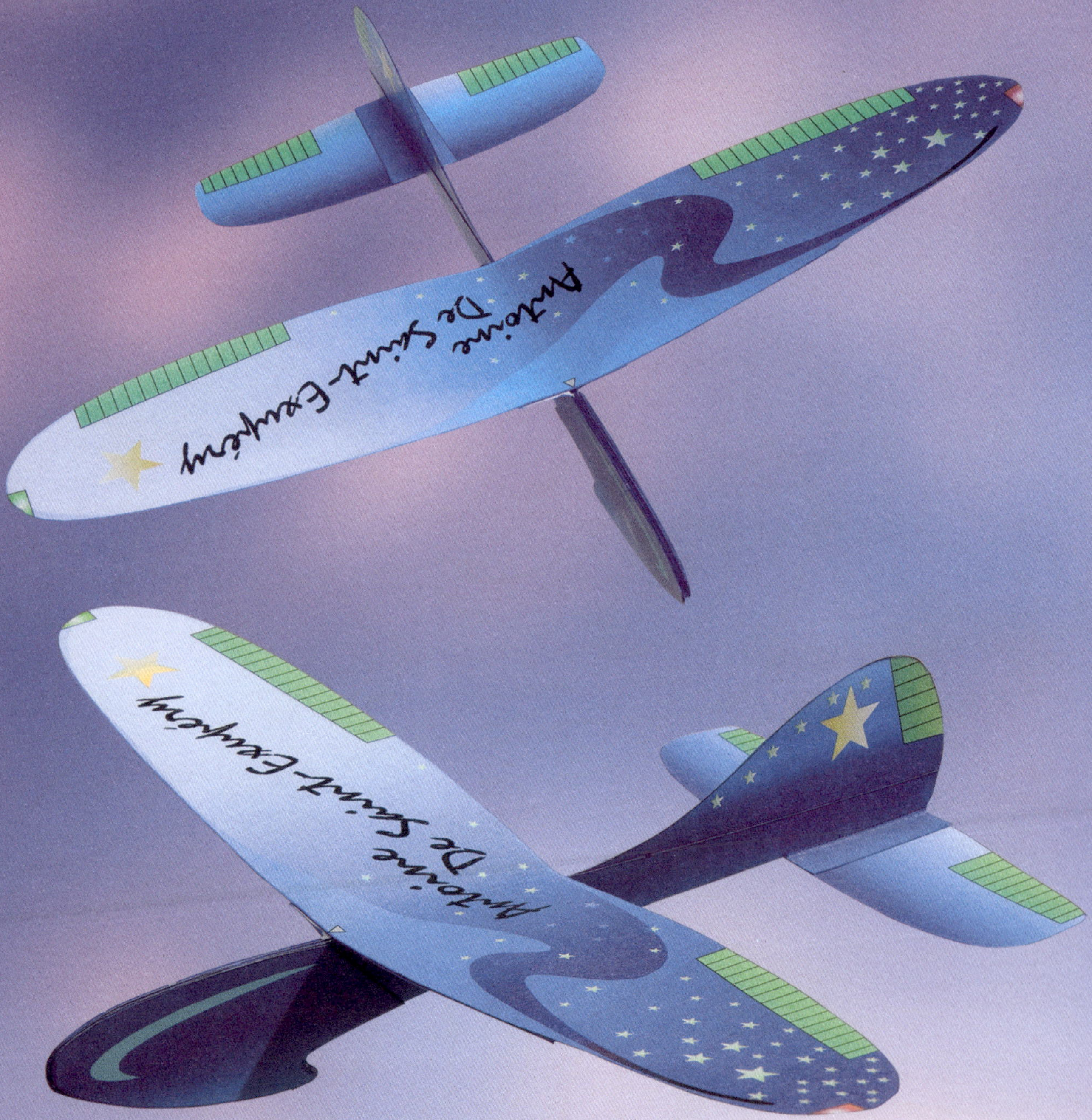

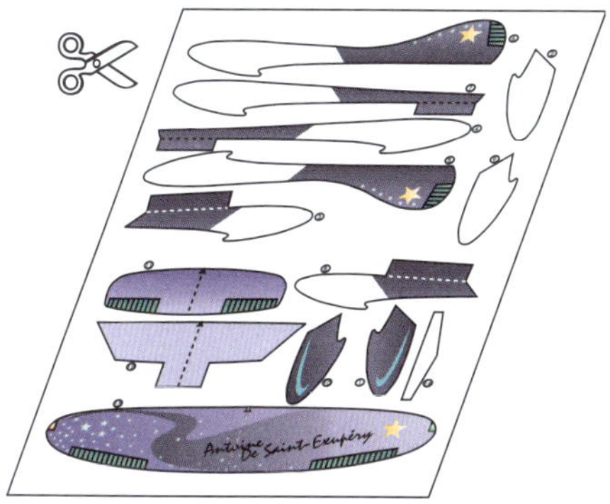

**1** Recortar las piezas de la página 59.
*Consejo:* Pintar los bordes de los cortes con un rotulador azul y así no destacarán cuando el avión esté construido del todo.

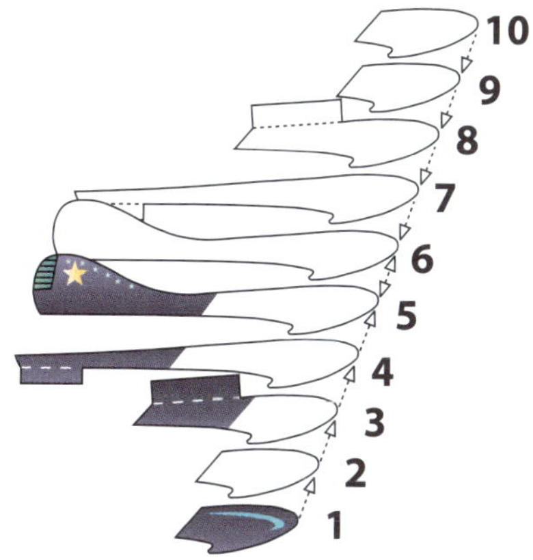


**2** Pegar las piezas n.º 1 a 10.
*Cuidado:* Las lengüetas con una línea discontinua del fuselaje sirven para unirlo a las alas y al timón de profundidad. No hay que pegarlas, ya que una vez secado el fuselaje hay que abrirlas y doblarlas en ángulo recto.

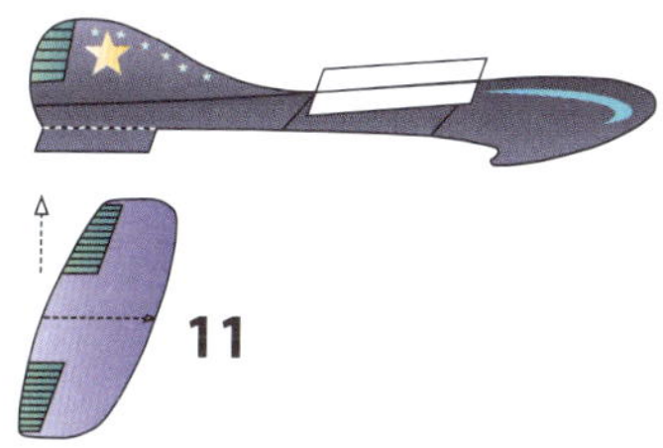


**3** La pieza n.º 11 se pegará en las lengüetas dobladas del extremo del fuselaje.

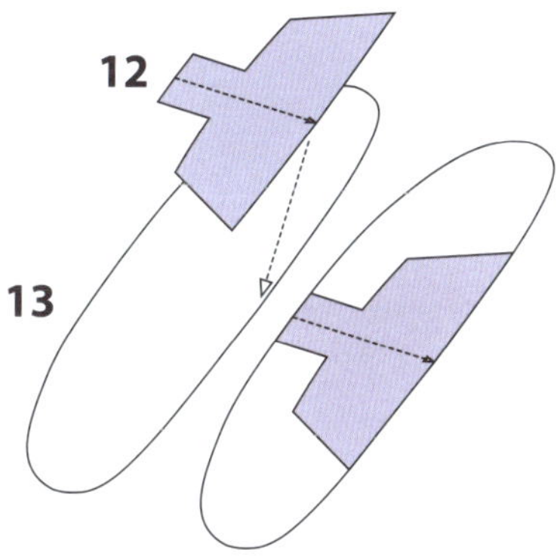


**4** La pieza n.º 12 se pegará en la parte no impresa de la pieza n.º 13. Las pequeñas flechas indican la parte que debe ir delante.

**5** Doblar las alas hacia arriba en forma de "V" por su eje central de simetría. Usar la pieza n.º 14 como guía.

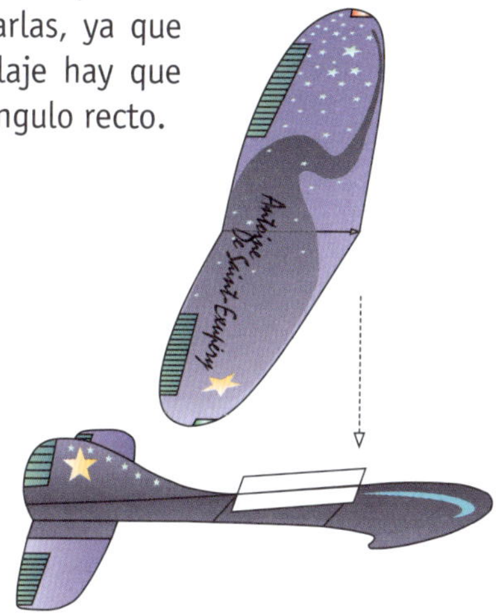

**6** Pegar las alas en las lengüetas del fuselaje. La flecha indica la parte que debe ir delante.

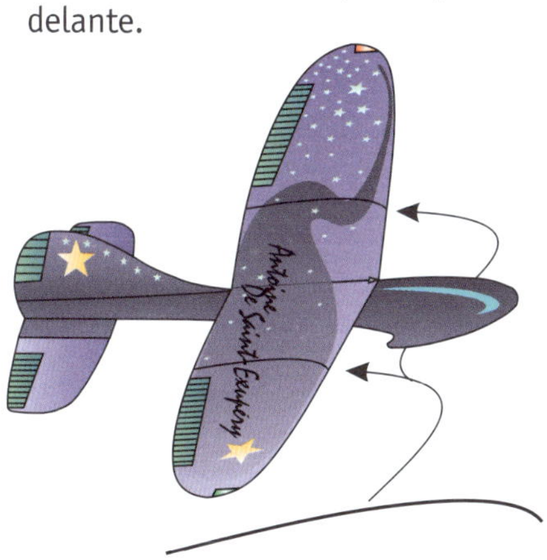

**7** Arquear las alas según se indica en la ilustración. La línea curva representa el perfil de las alas.

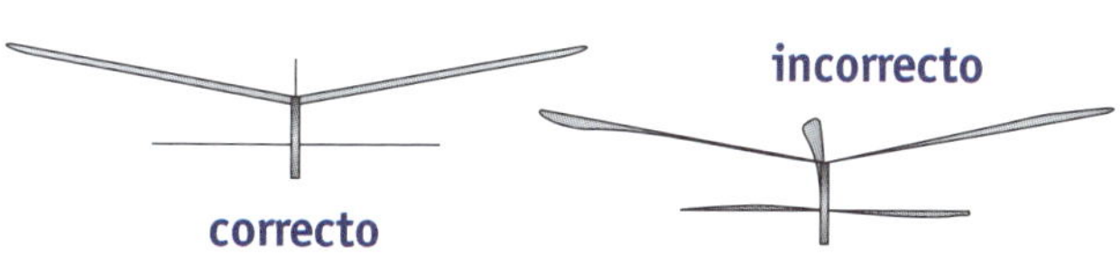


**8** Vista frontal del avión terminado. Las alas, el fuselaje y los timones no deben quedar torcidos.

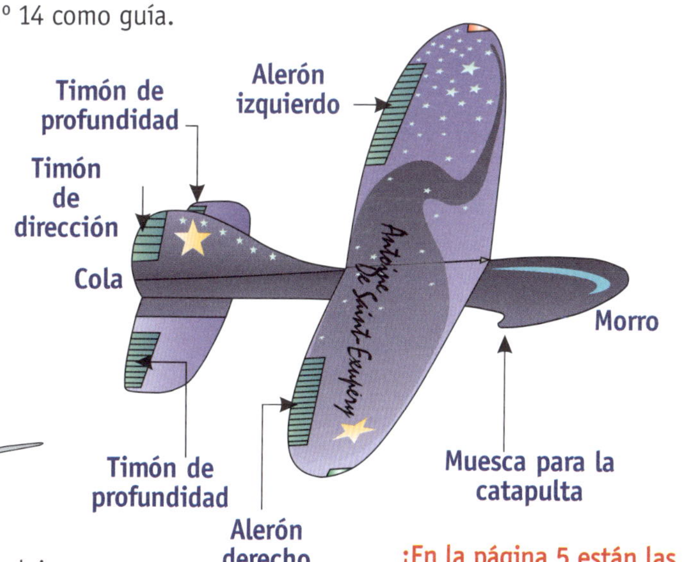


**¡En la página 5 están las instrucciones más importantes para equilibrar el avión!**

# Thea Rasche

Thea Rasche nació en 1899 en Unna (Alemania). Aprendió a volar a pesar de la oposición de sus padres, se instruyó para el desarrollo de vuelos acrobáticos y alcanzó su carnet de piloto en 1925. Sus demostraciones acrobáticas hicieron que su popularidad trascendiera de Alemania y llegara incluso a los Estados Unidos. En ese país participó en 1929 en la competición "Powder Puff Derby" y conoció a otras famosas mujeres piloto. En su faceta de periodista contribuyó con numerosos reportajes al auge de la aviación civil. Thea Rasche falleció en 1971 en Essen (Alemania).

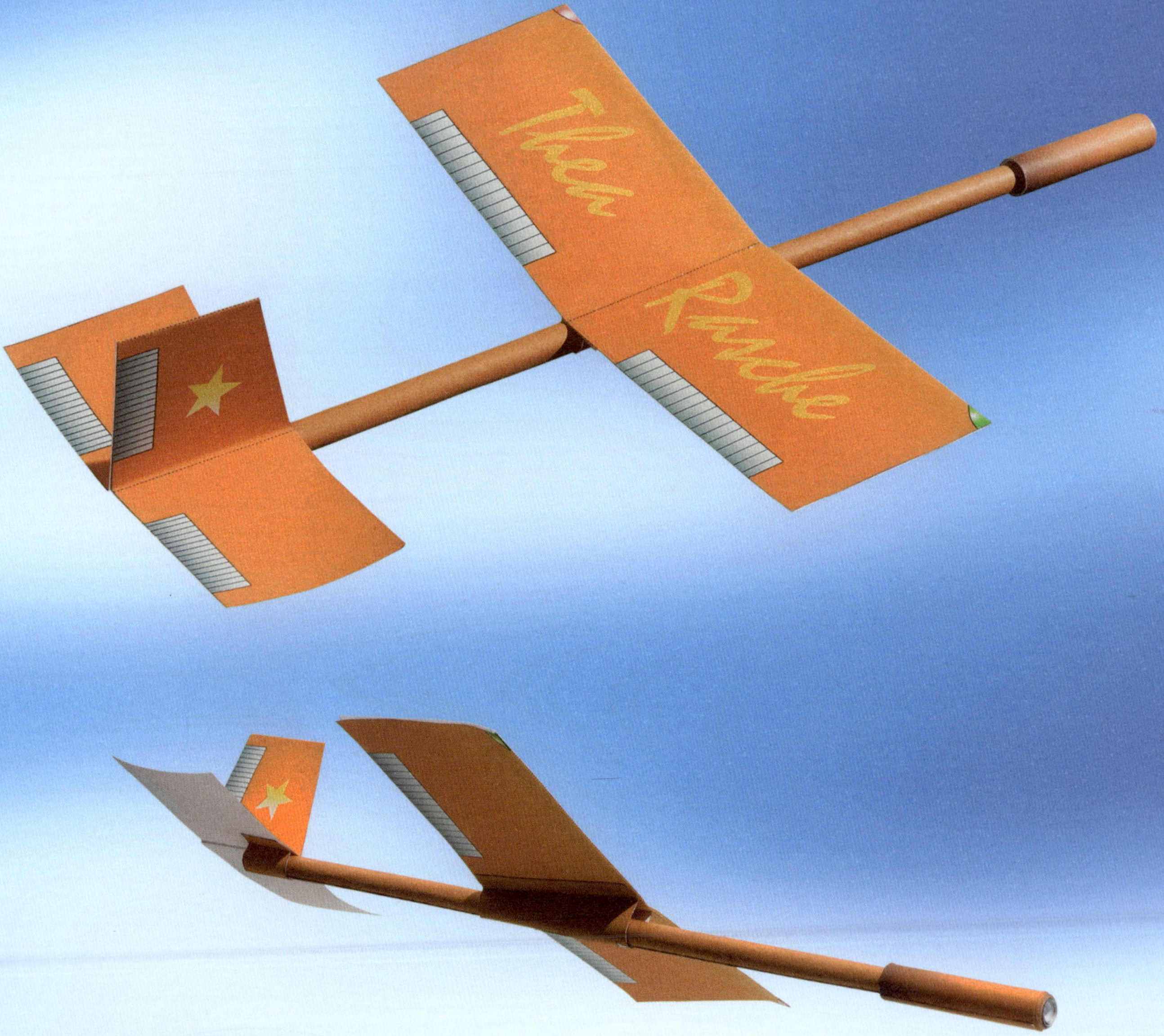

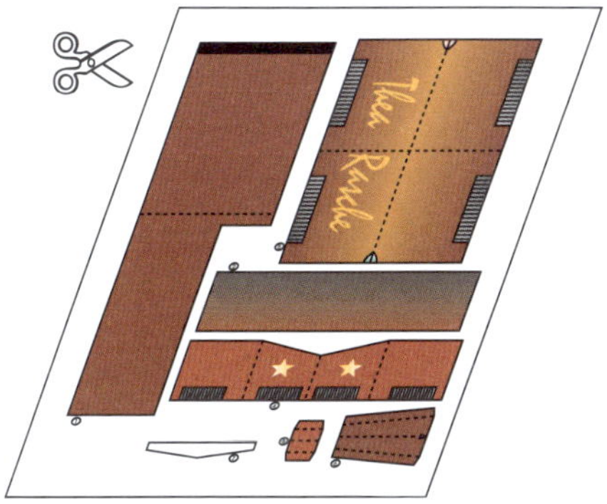

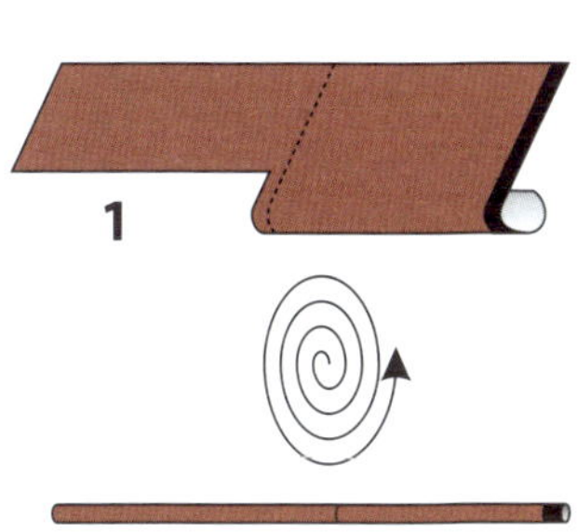

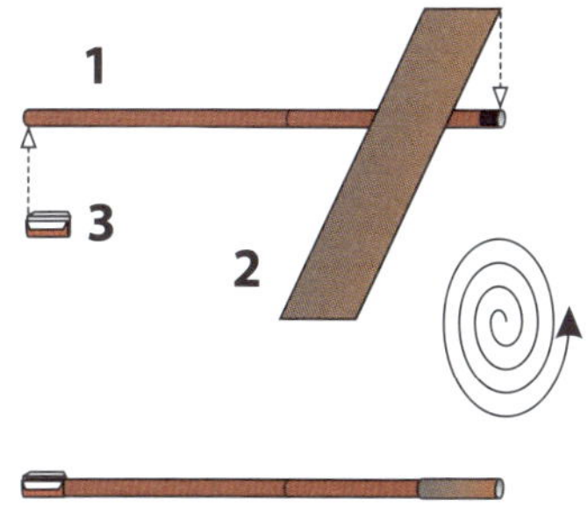

**1** Recortar las piezas de la página 61. *Consejo:* Pintar los bordes de los cortes con un rotulador gris oscuro y así no destacarán cuando el avión esté construido del todo.

**2** Enrollar la pieza n.º 1 para formar un tubo de 5 mm de diámetro y pegar.

**3** Pegar la pieza n.º 2 en la n.º 1, enrollarla y fijarla. Doblar y plegar la pieza n.º 3 y pegarla en la popa del tubo que constituye el fuselaje.

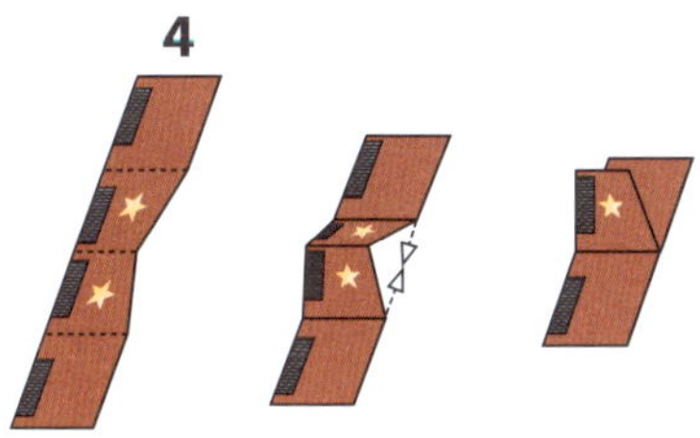

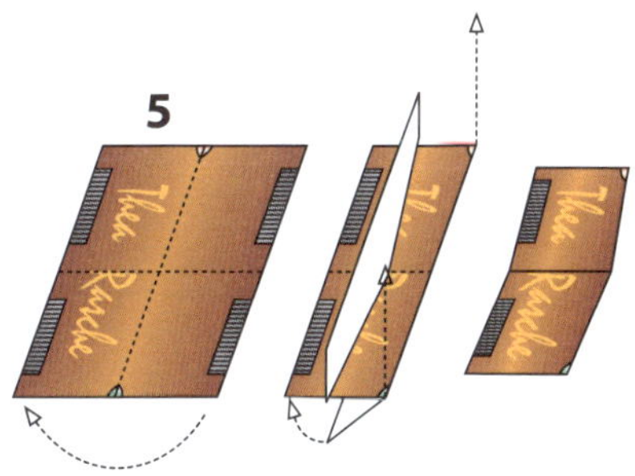

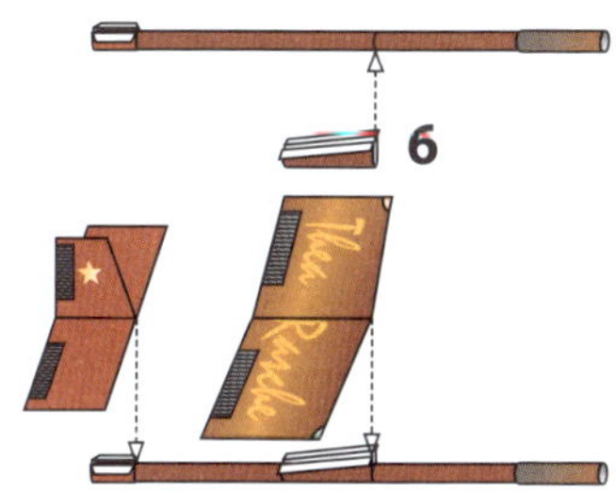

**4** Plegar la pieza n.º 4 y pegarla de tal forma que los timones de dirección y profundidad queden perpendiculares entre sí.

**5** Doblar la pieza número 5 por su eje de simetría y pegar. Doblar hacia arriba en "V" a lo largo de la línea central. Usar la pieza n.º 7 como guía.

**6** Doblar y plegar la pieza n.º 6 y pegarla en el tubo que constituye el fuselaje. Pegar las alas y el timón de profundidad en las lengüetas del fuselaje.

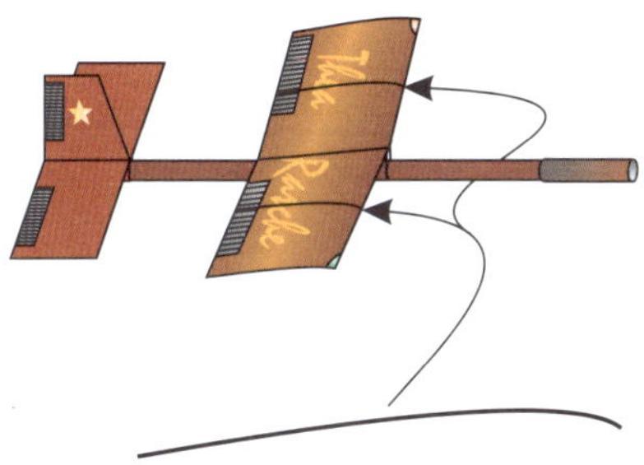

**7** Arquear las alas según se indica en la ilustración. La línea curva representa el perfil de las alas.

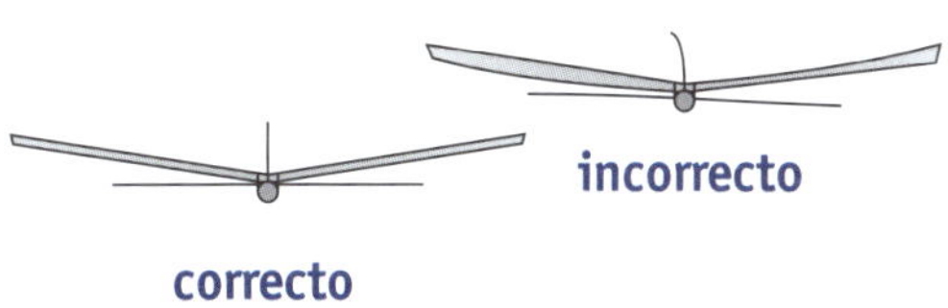


**8** Vista frontal del avión terminado. Las alas, el fuselaje y los timones no deben quedar torcidos.

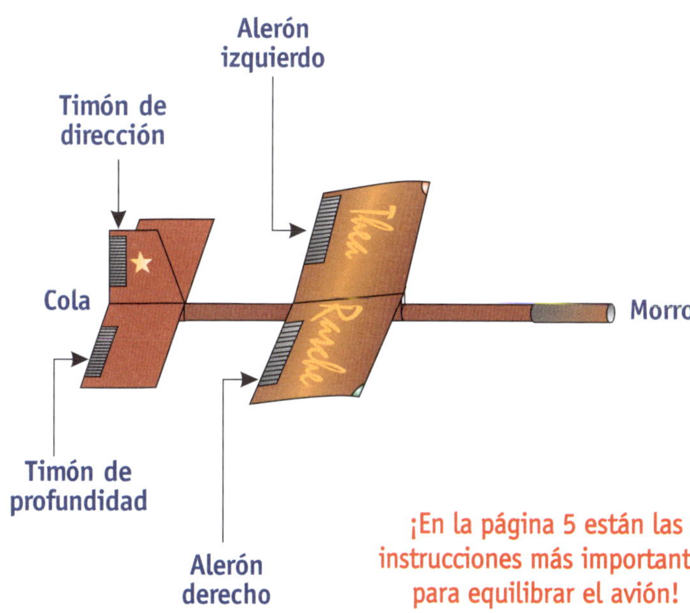


**¡En la página 5 están las instrucciones más importantes para equilibrar el avión!**

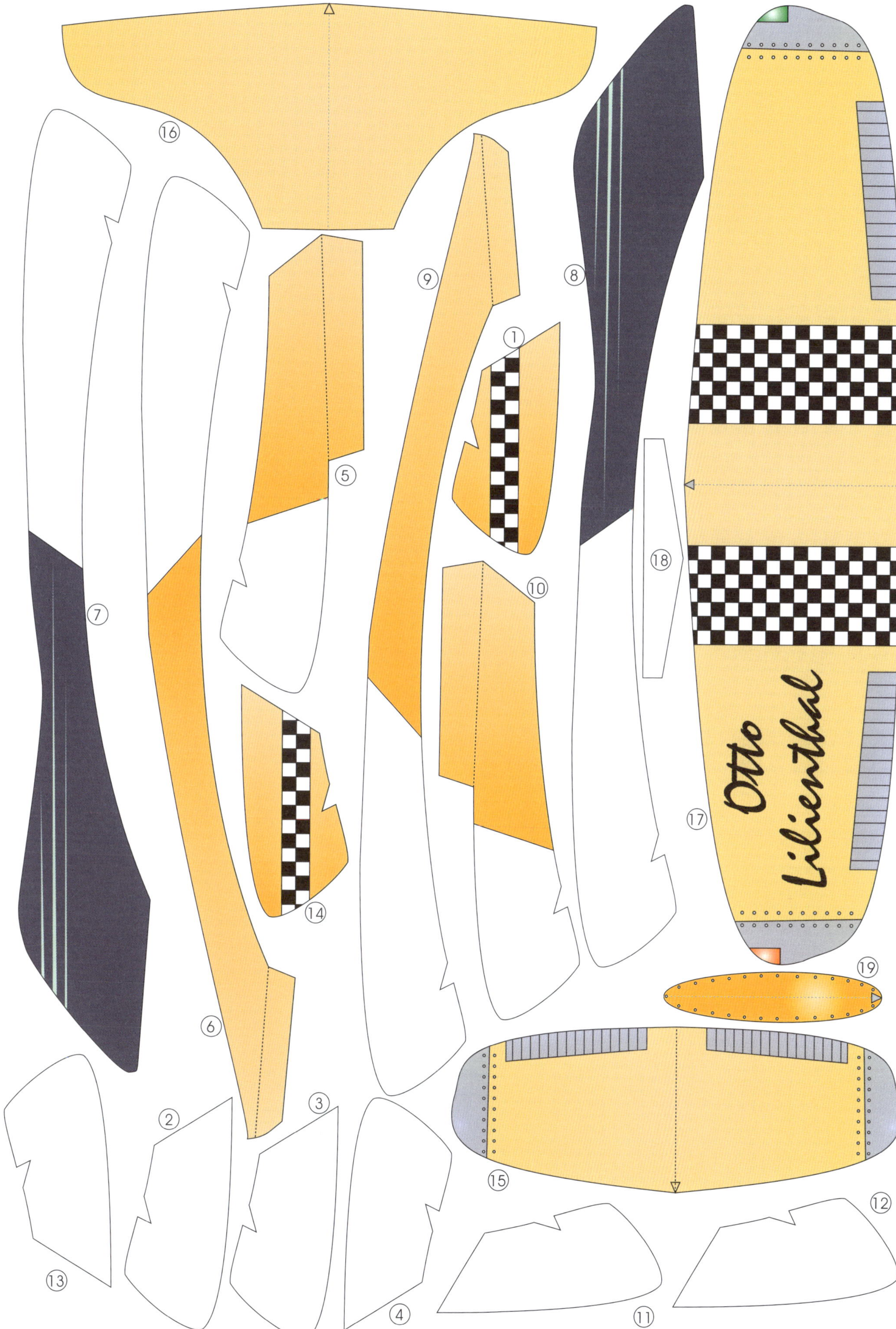
16
9
8
1
5
18
10
7
14
17
Otto
Lilienthal
19
6
15
2
3
13
4
11
12

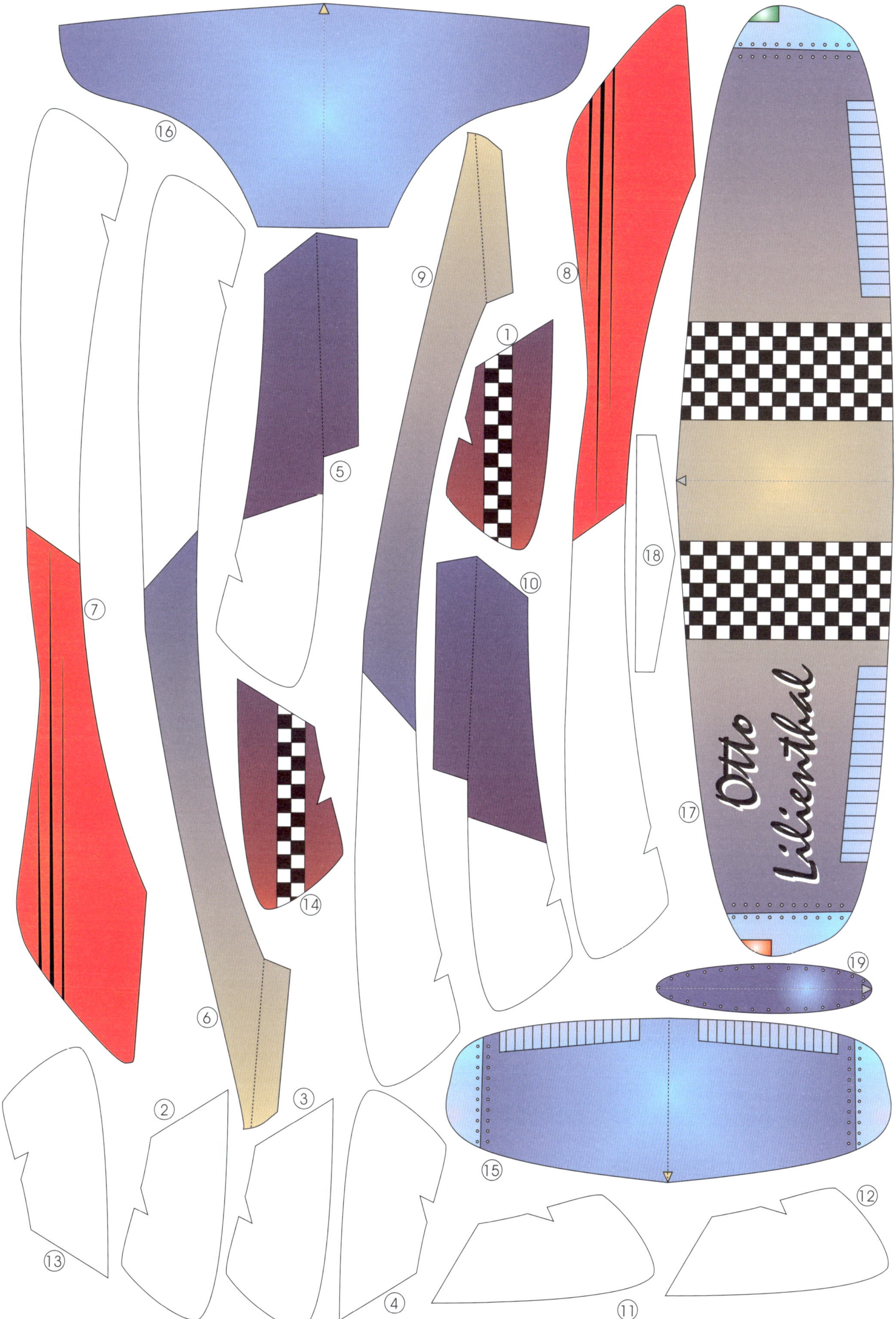
16
9
8
1
5
18
10
7
14
17
Otto
Lilienthal
19
6
13
2
3
4
15
12
11

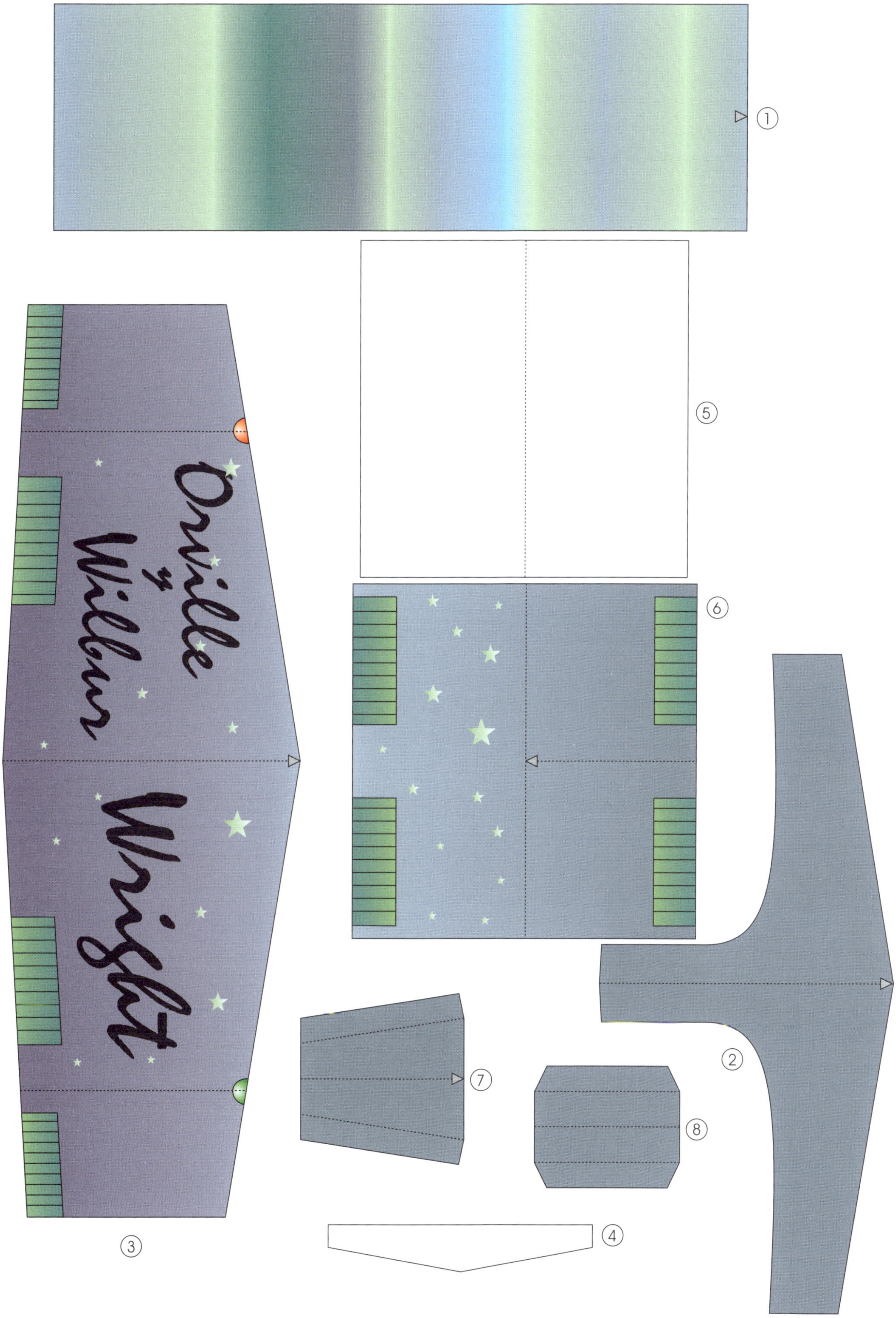
1
5
6
Orville y Wilbur
Wright
2
7
8
3
4

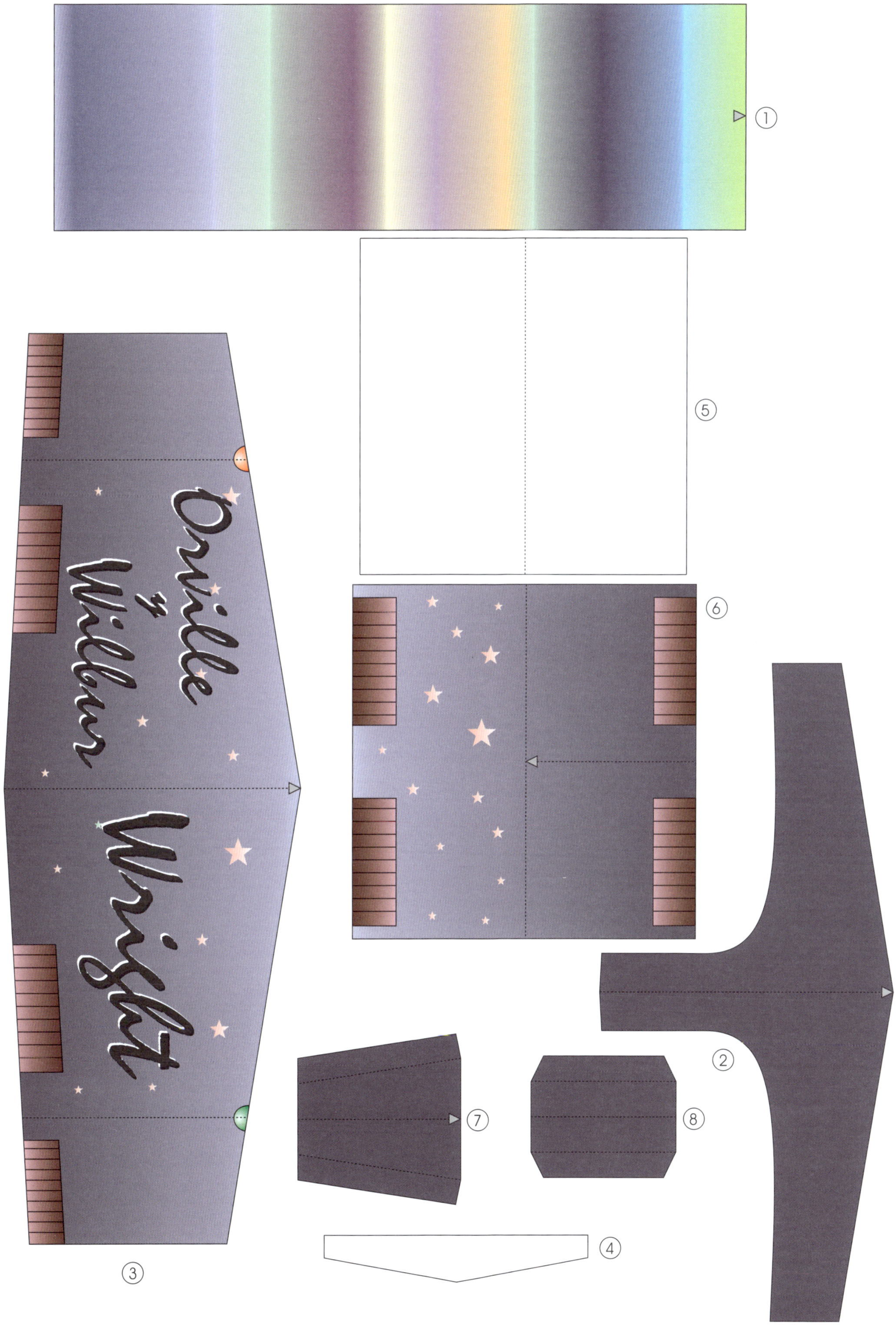

1
5
Orville
y
Wilbur
Wright
6
2
7
8
4
3

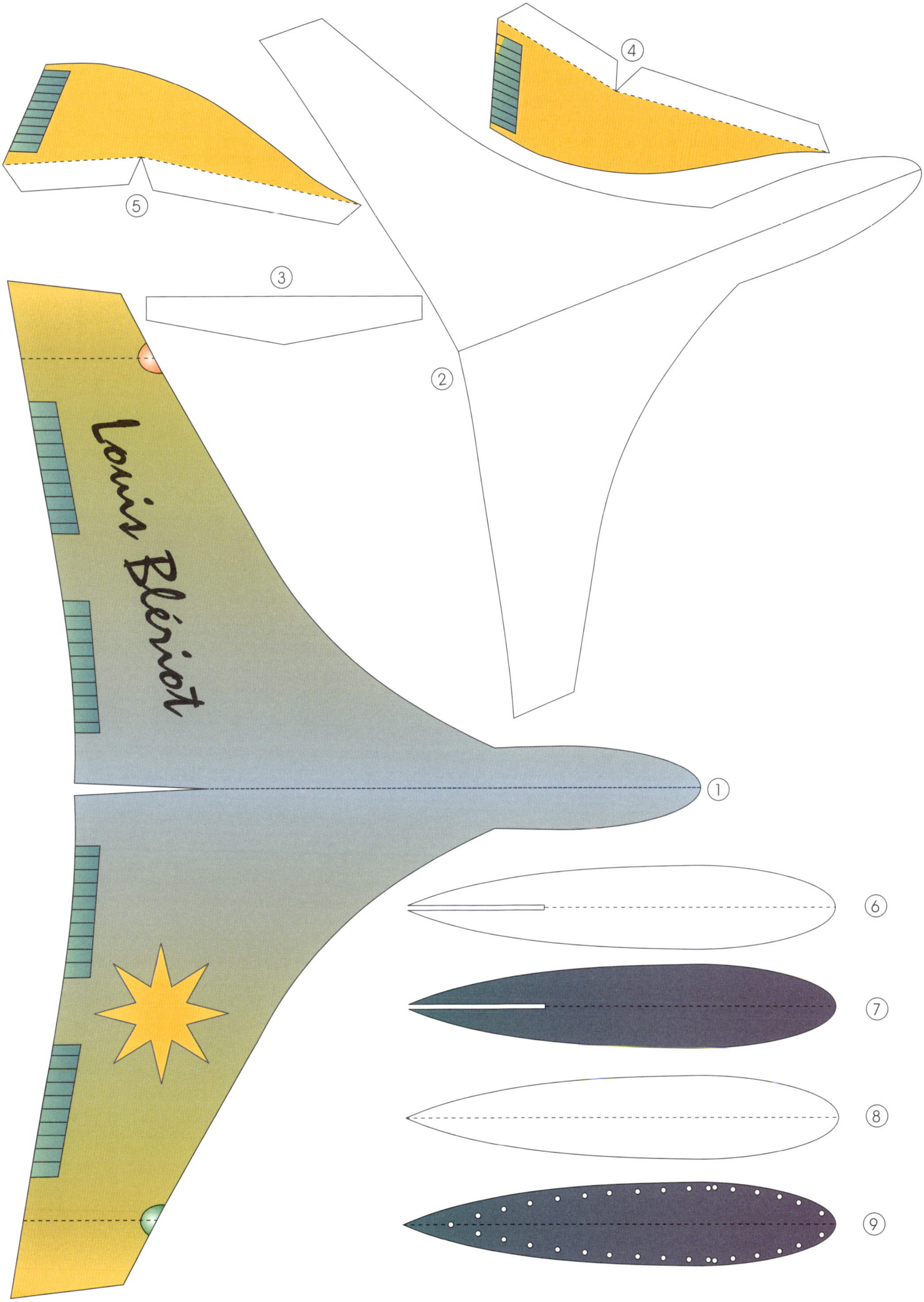
Louis Blériot
1
2
3
4
5
6
7
8
9

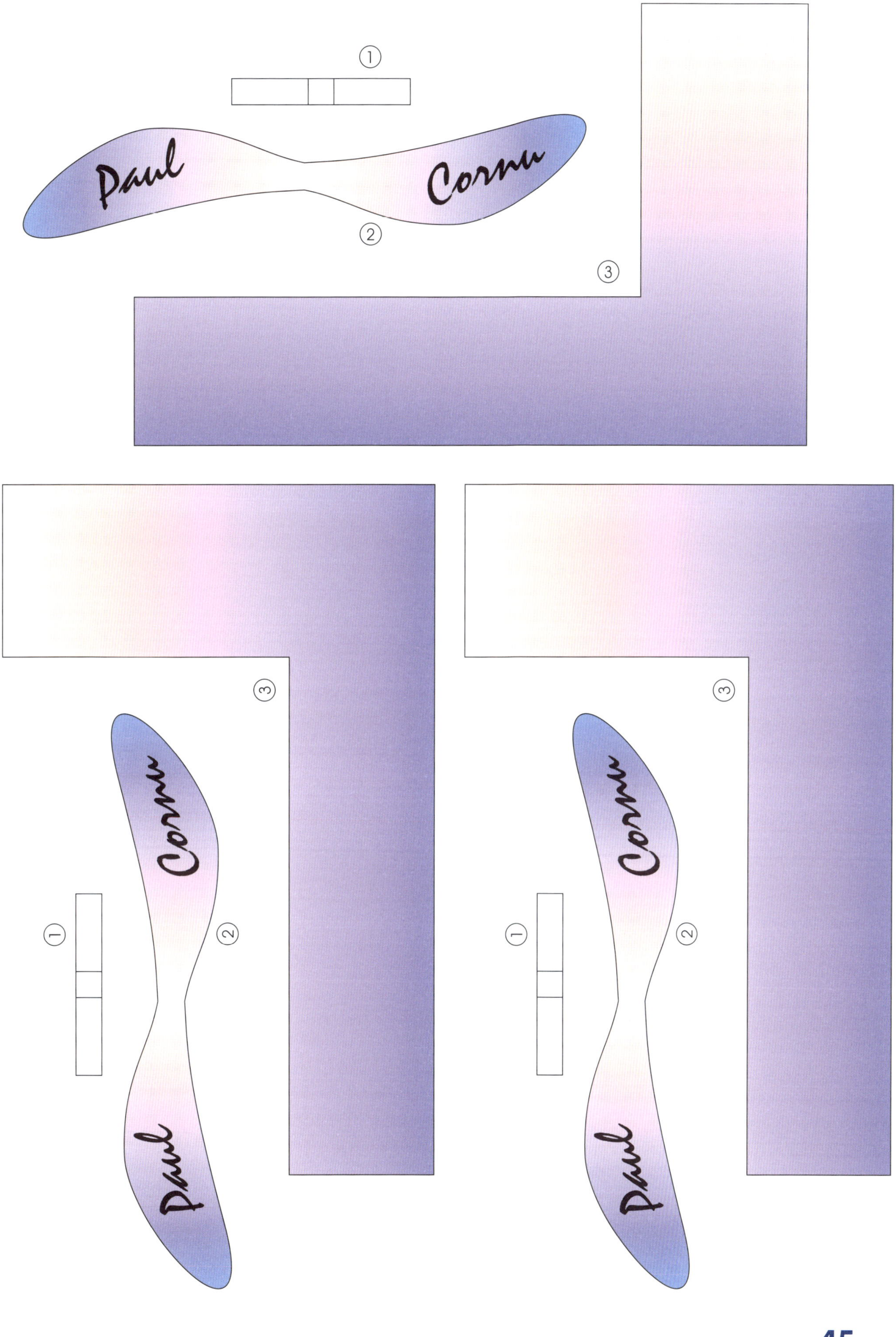
1
Paul
Cornu
2
3

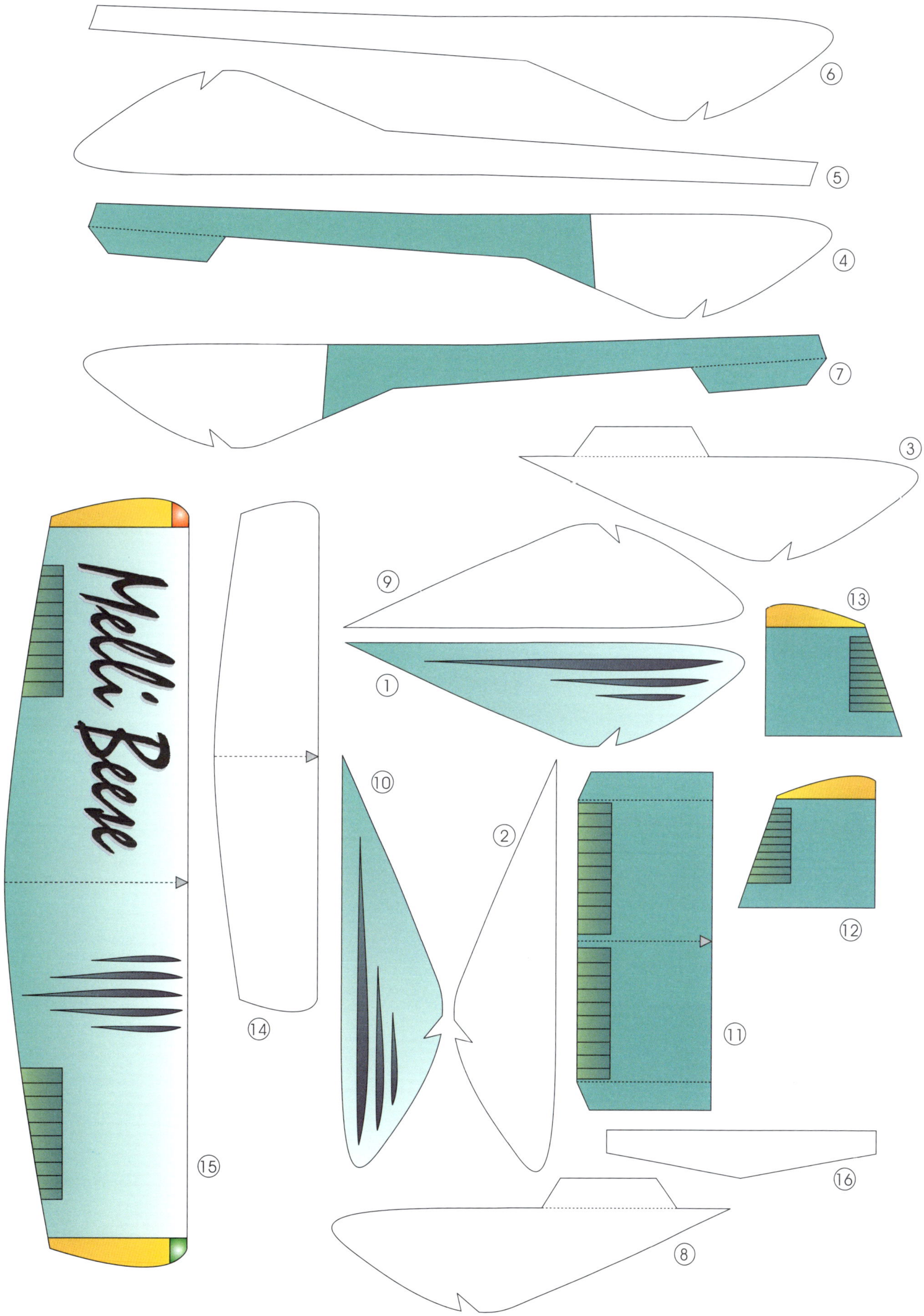
Melli Beene
1
2
3
4
5
6
7
8
9
10
11
12
13
14
15
16

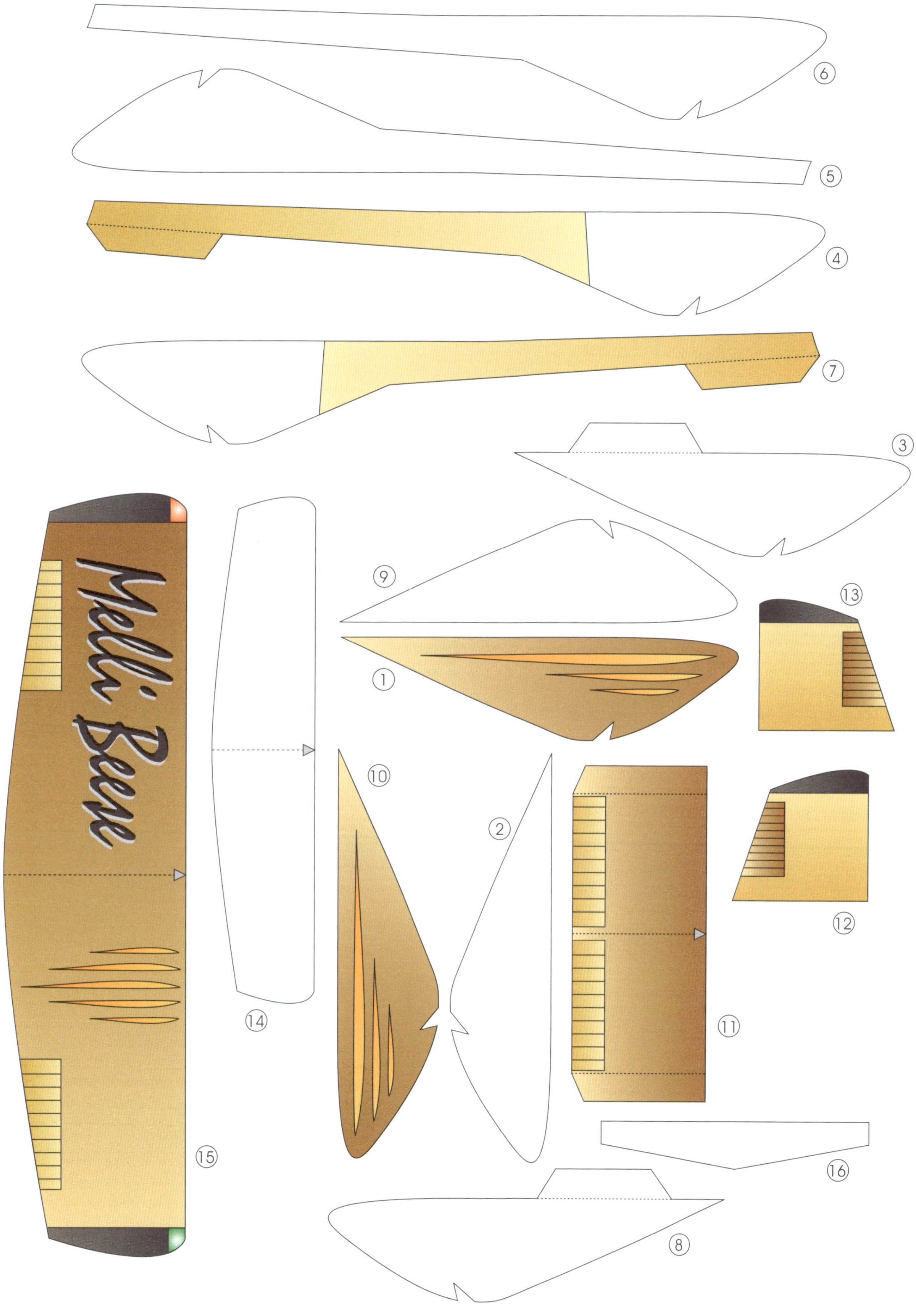
6
5
4
7
3
13
9
1
Melli Beese
10
2
12
14
11
15
16
8

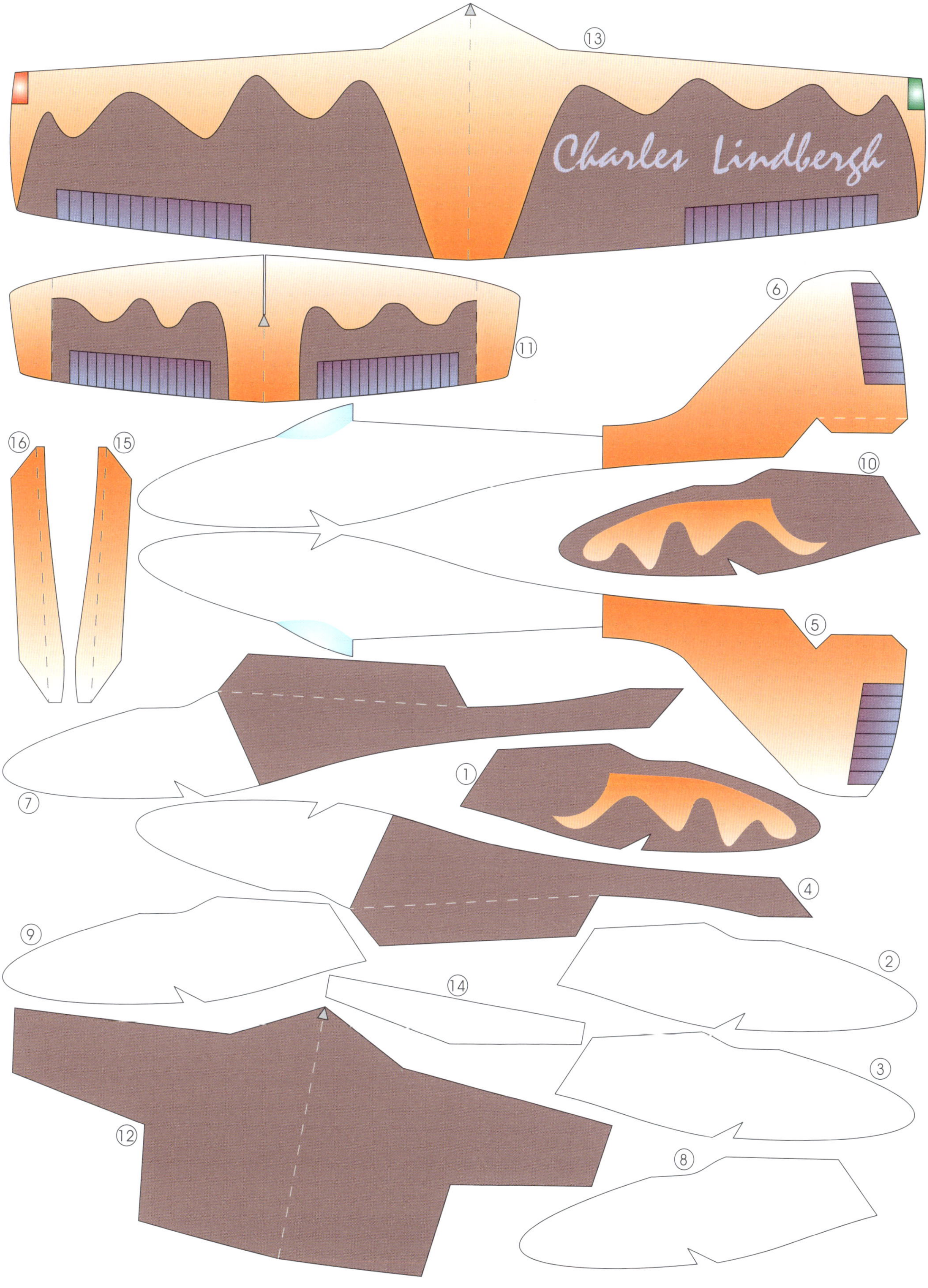
13
Charles Lindbergh
11
6
16
15
10
5
1
7
4
9
2
14
3
12
8

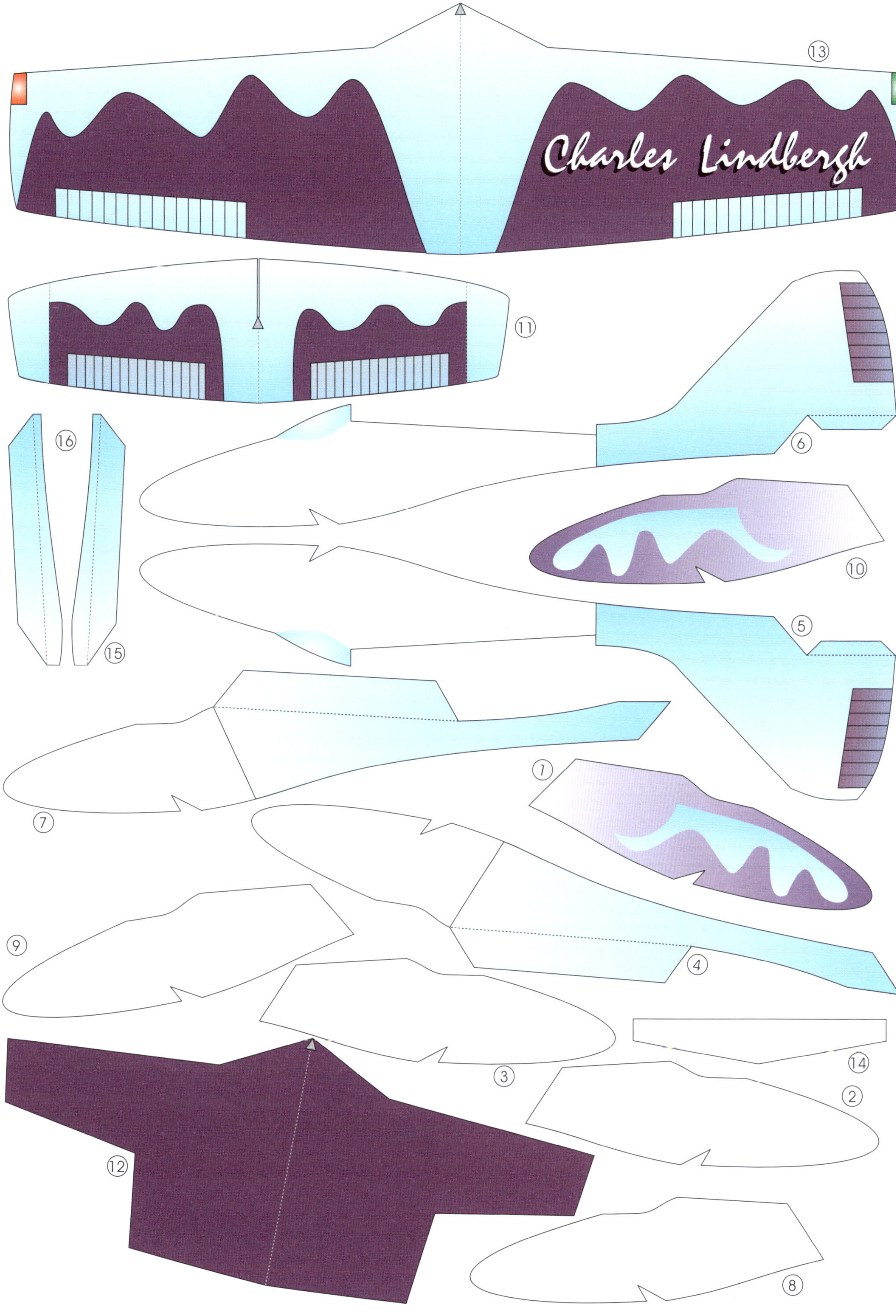
Charles Lindbergh
13
11
16
15
6
10
5
1
7
9
4
3
14
2
12
8

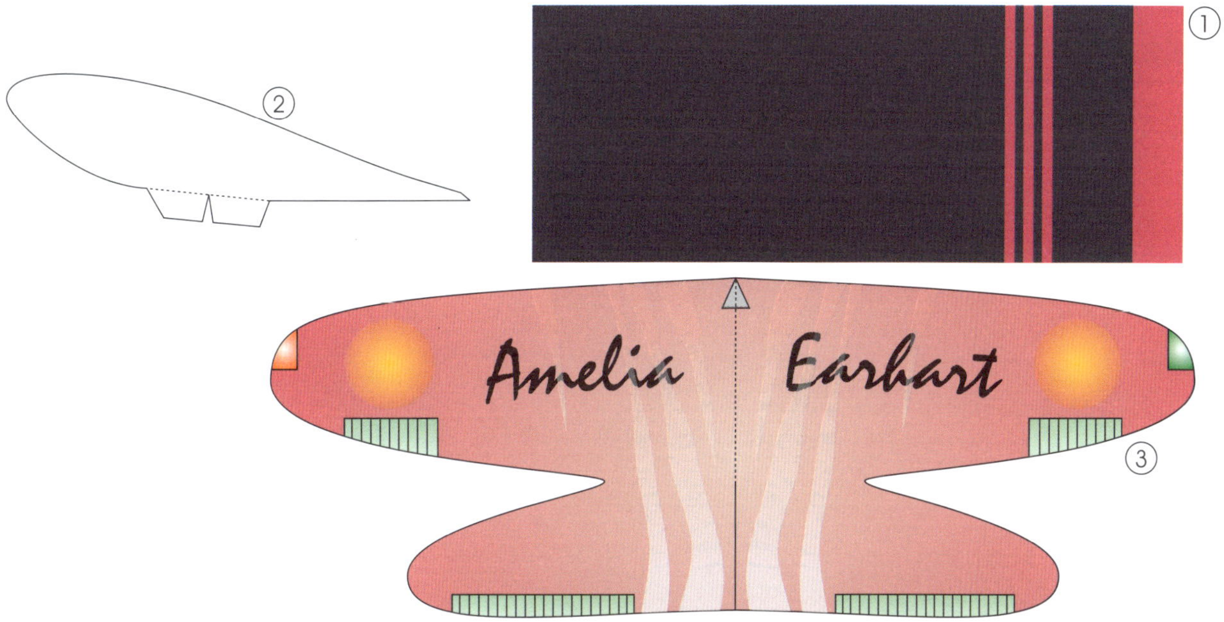

①
②
Amelia Earhart
③


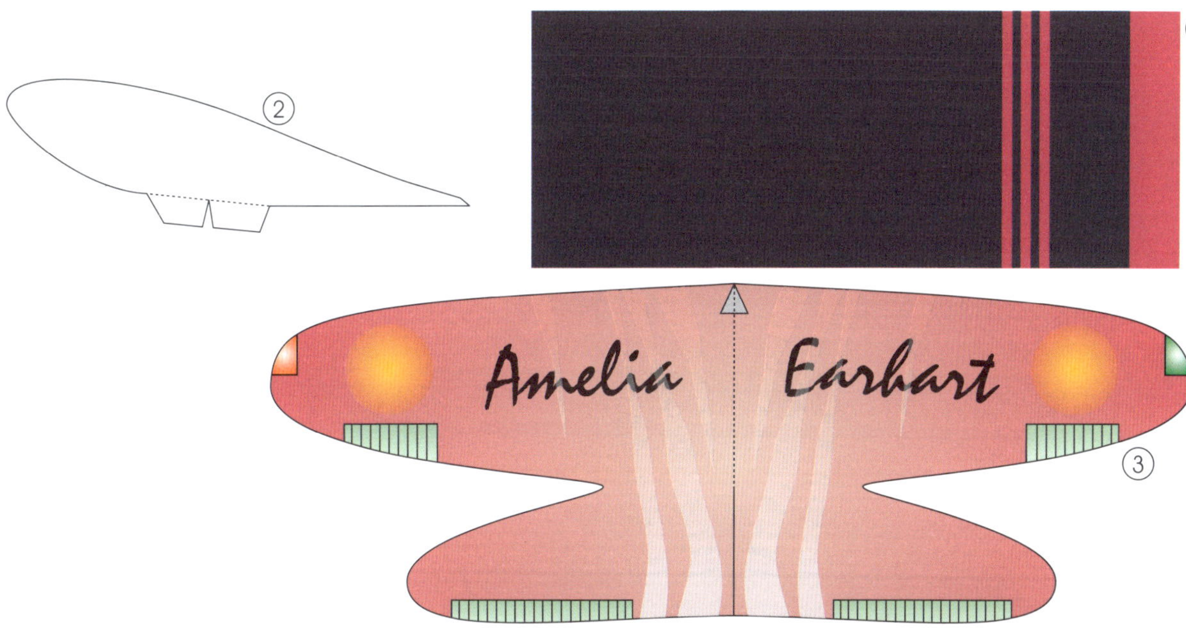

①
②
Amelia Earhart
③


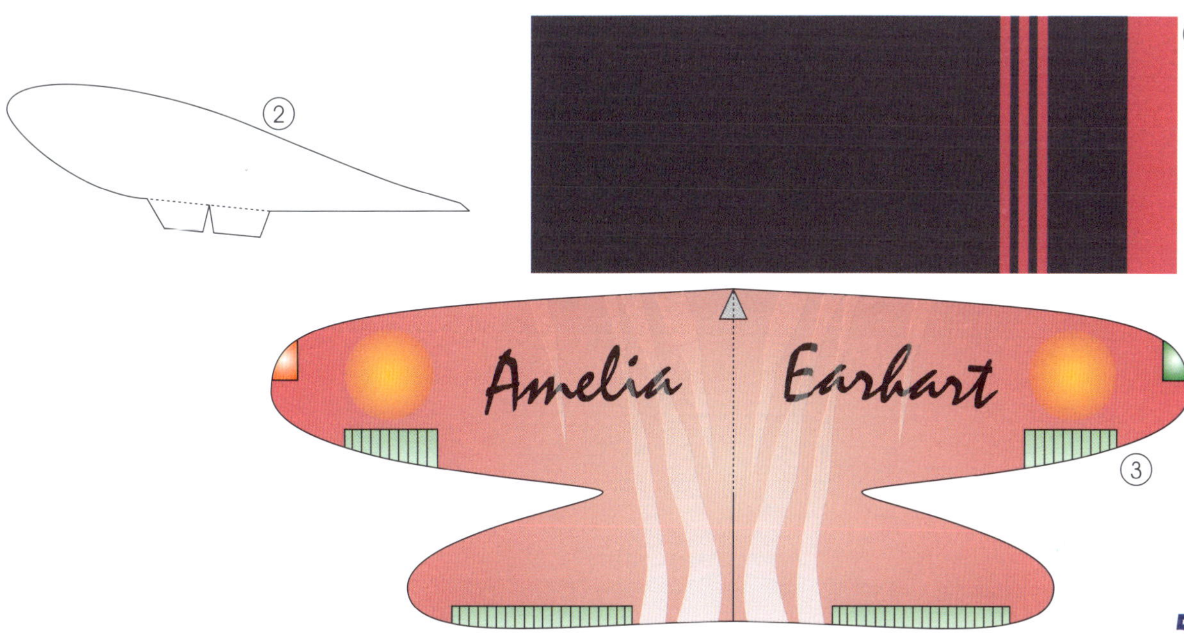

①
②
Amelia Earhart
③

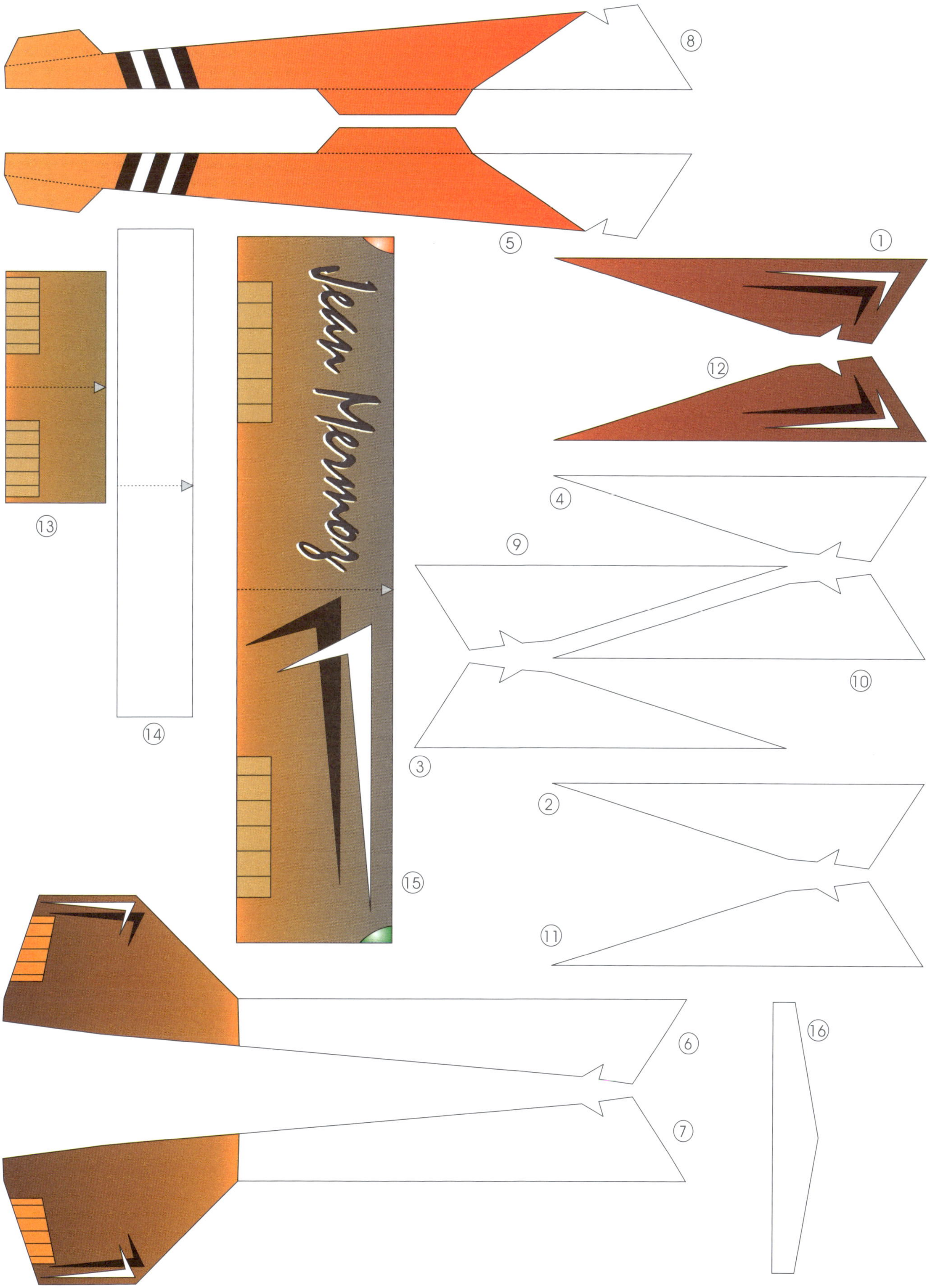
8
5
1
12
Jean Mermoz
13
4
9
10
14
3
15
2
11
6
16
7

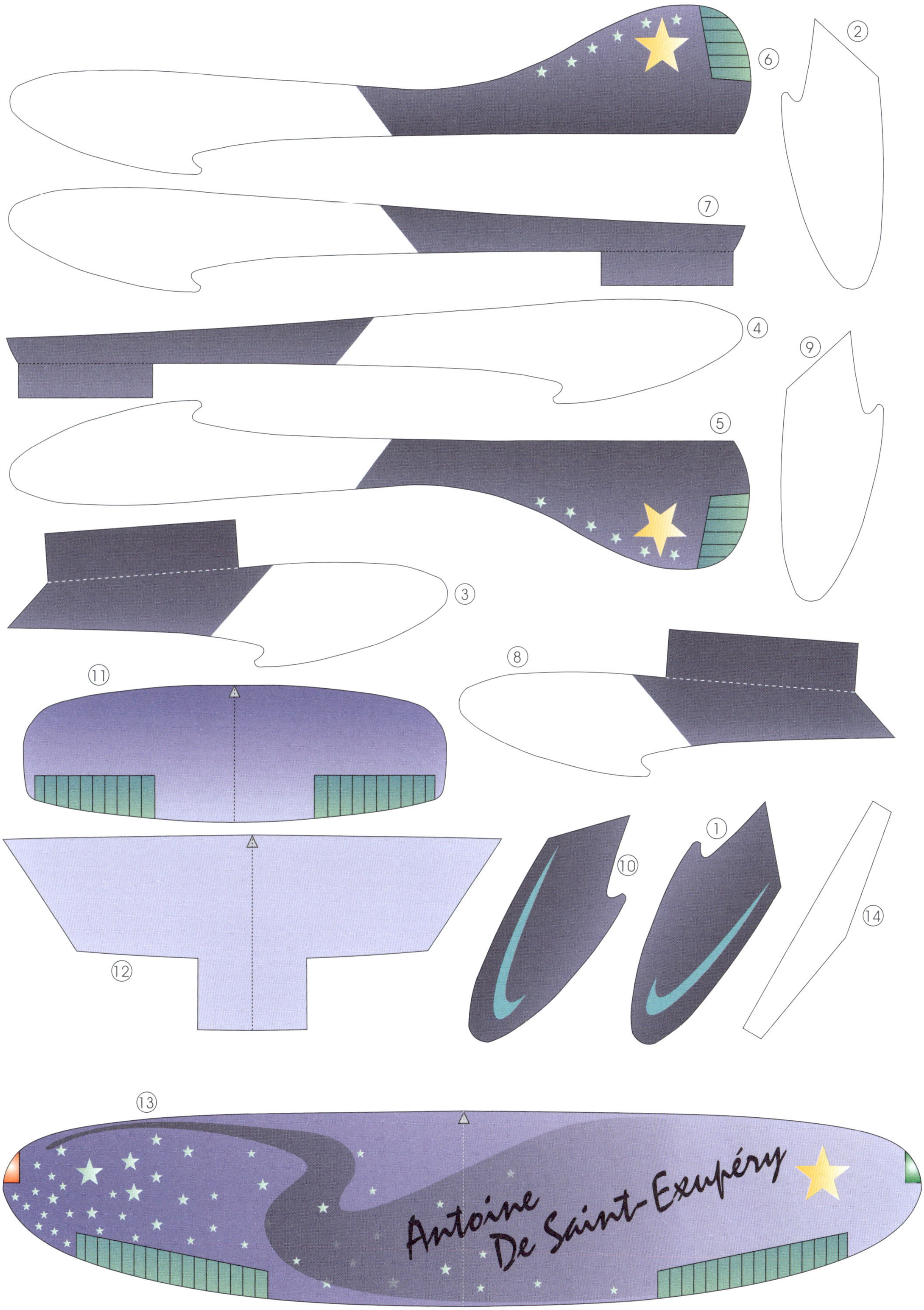
1
2
3
4
5
6
7
8
9
10
11
12
13
14
Antoine De Saint-Exupéry

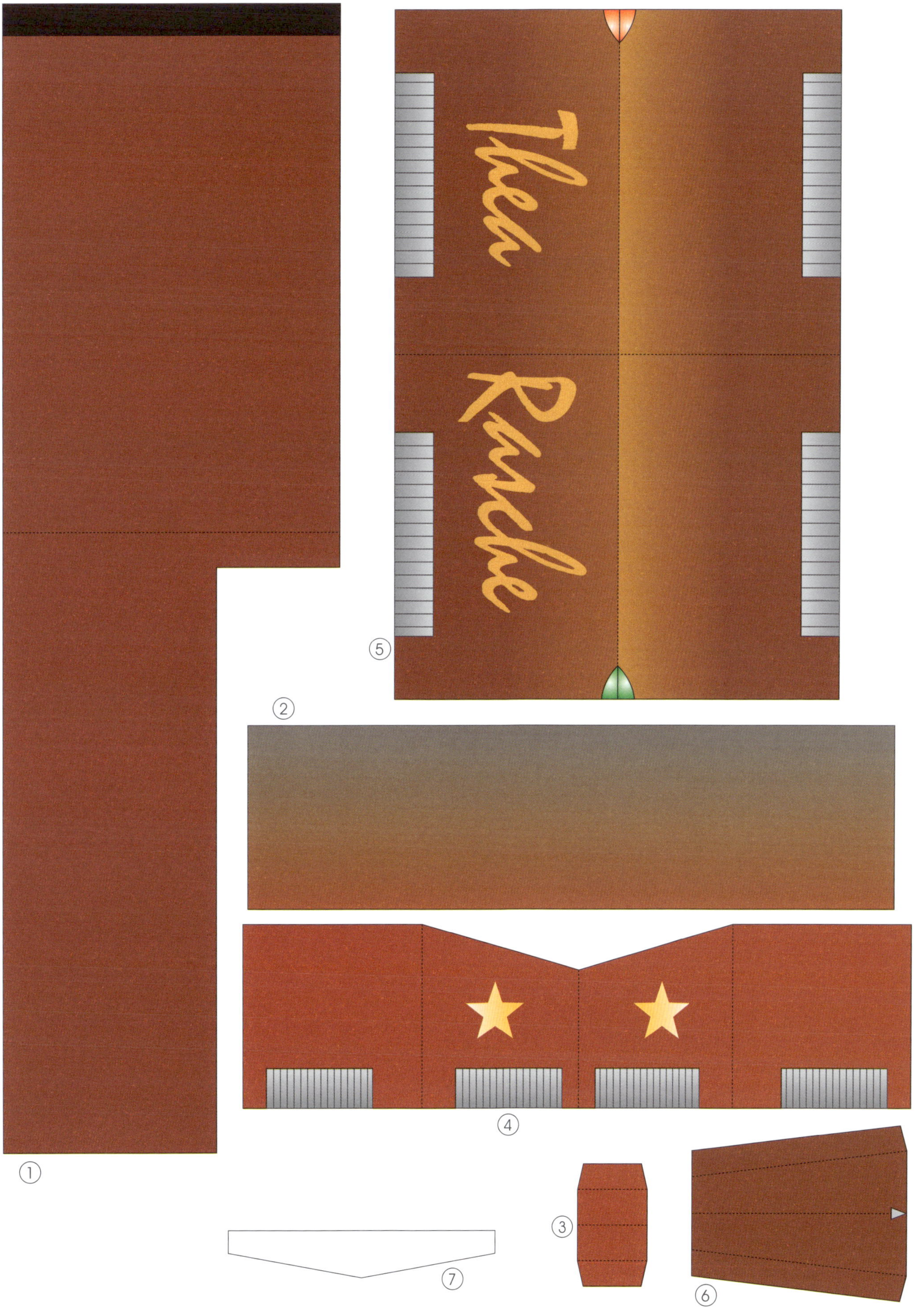
1
2
3
4
5
6
7

# LIBROS DE PAPIROFLEXIA PUBLICADOS POR TUTOR:

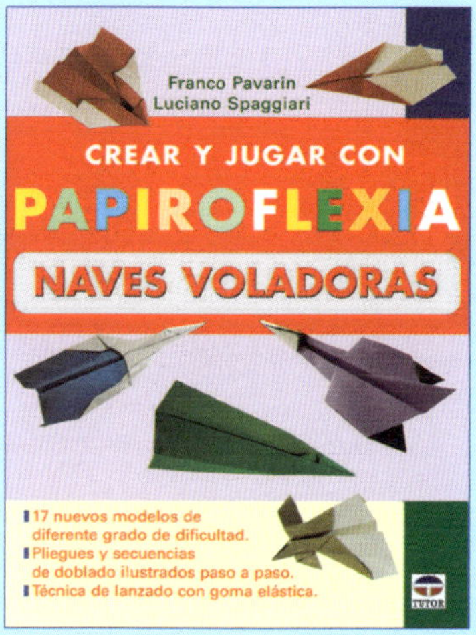


80 págs. Cód.: 518011

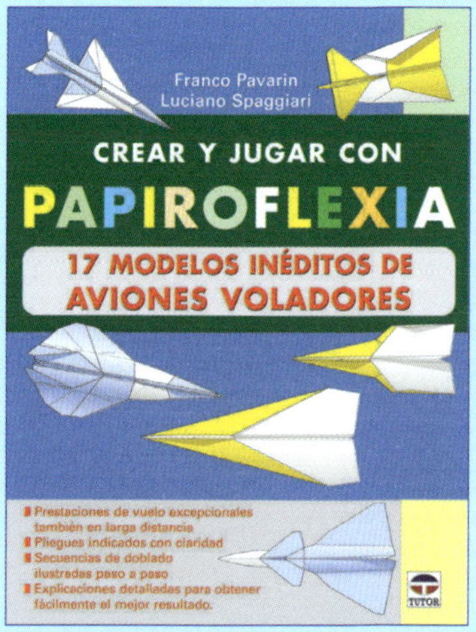


80 págs. Cód.: 518006

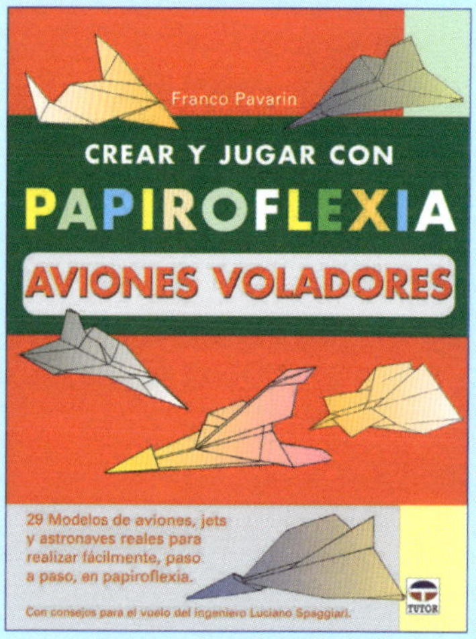


96 págs. Cód.: 518003

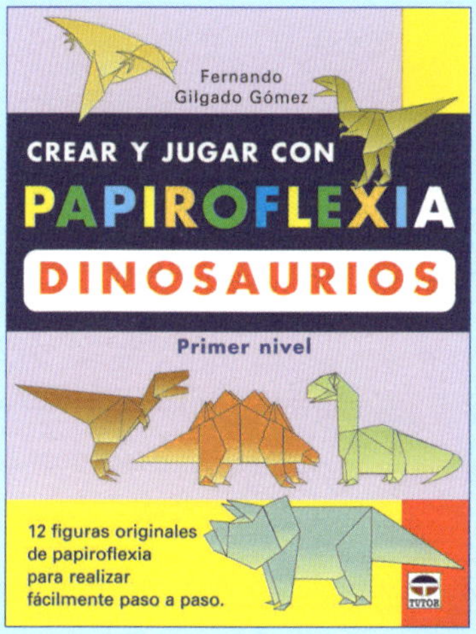


64 págs. Cód.: 518004

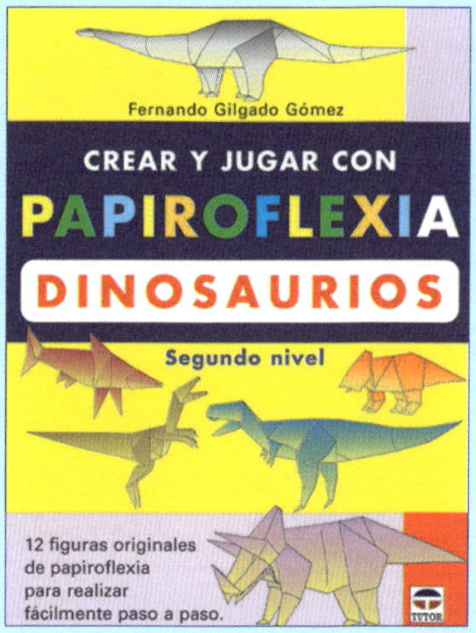


64 págs. Cód.: 518005

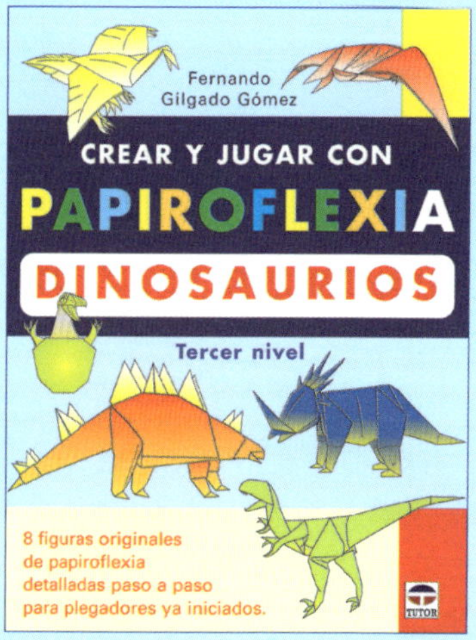


64 págs. Cód.: 518009

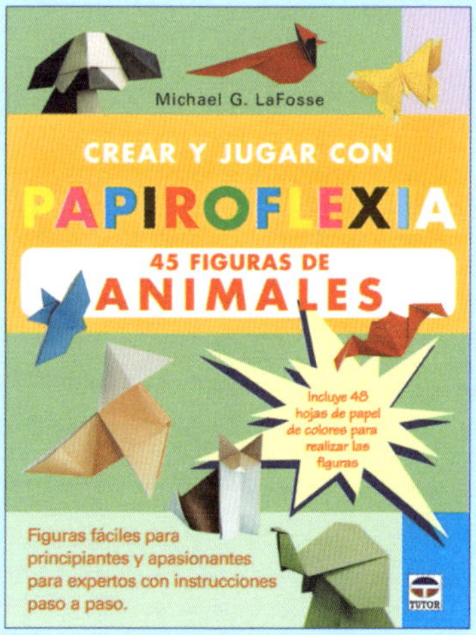


160 págs. Cód.: 518010

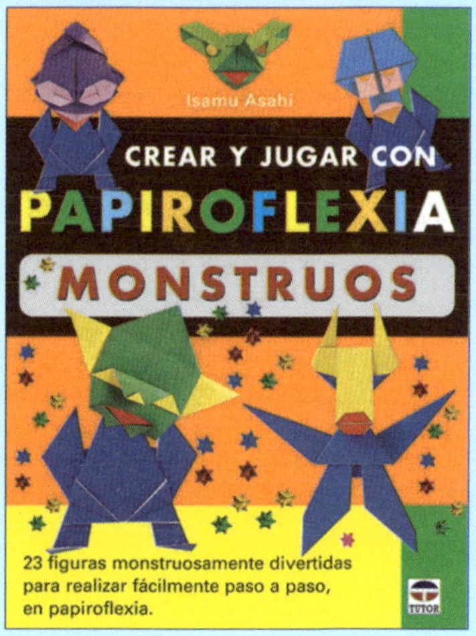


32 págs. Cód.: 518007

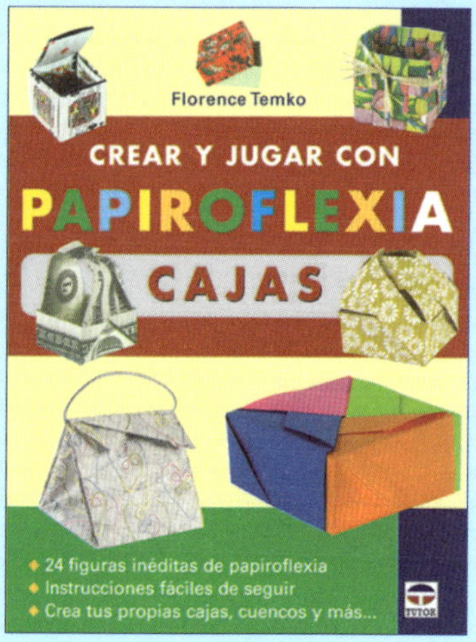


64págs. Cód.: 518008

*(Continúa)*

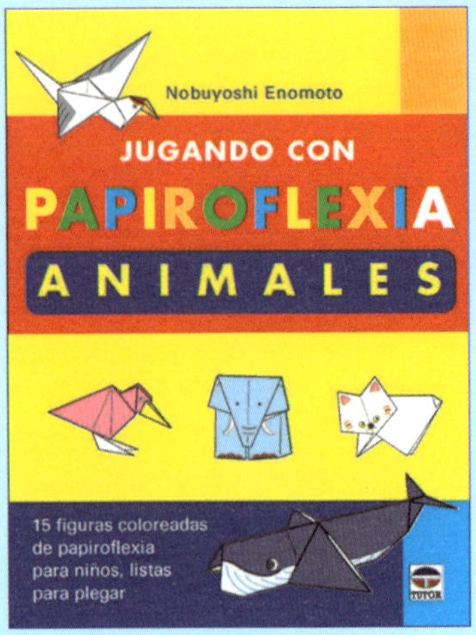


32 págs. Cód.: 518002

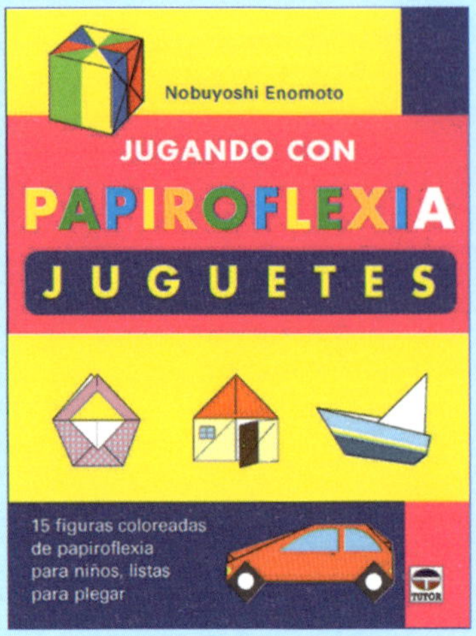


32 págs. Cód.: 518001

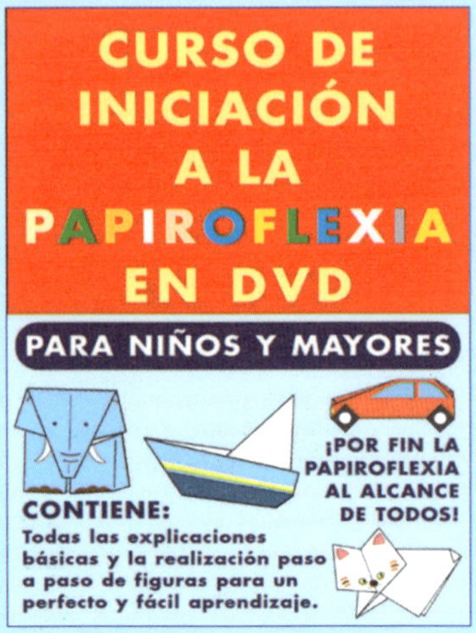


DVD 75 min. Cód.: 900011

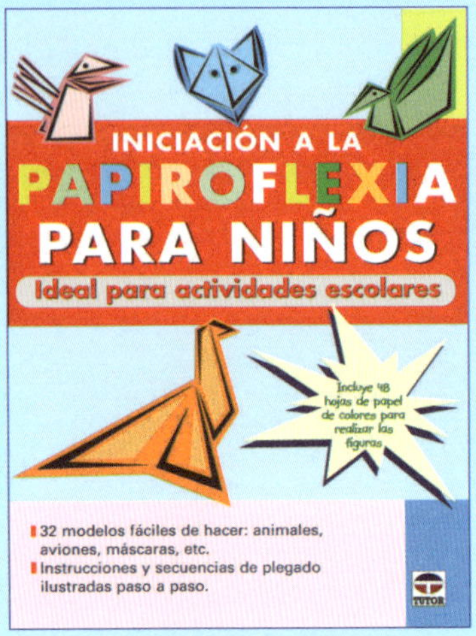


132 págs. Cód.: 518012

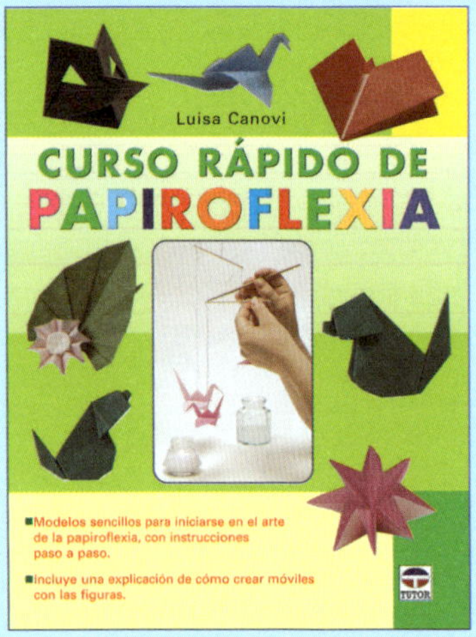


80 págs. Cód.: 518016

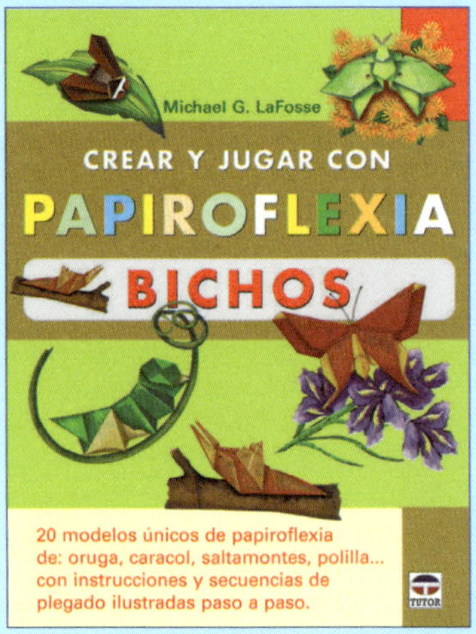


48 págs. Cód.: 518013

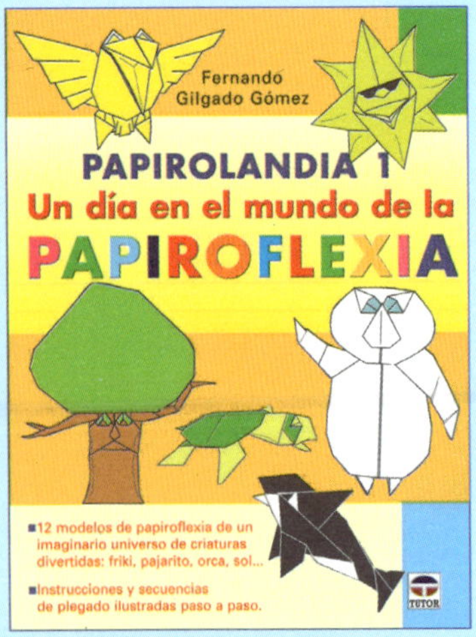


64 págs. Cód.: 518014

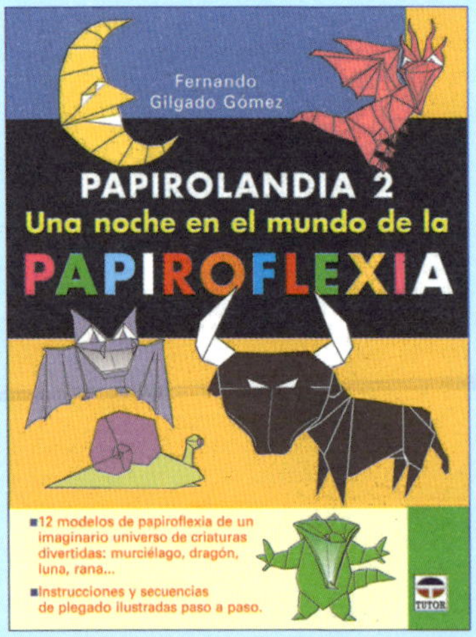


64 págs. Cód.: 518015

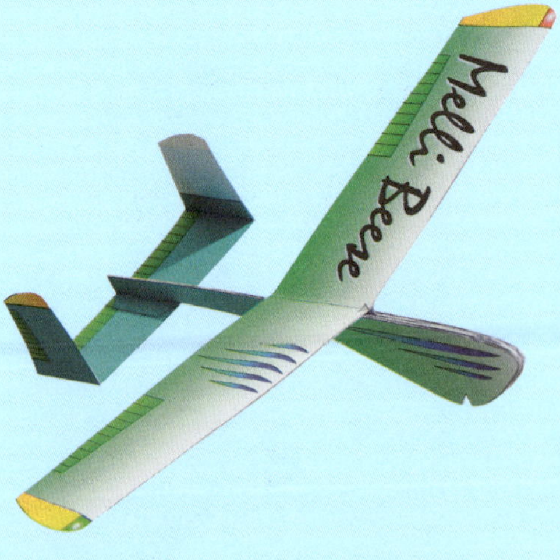

**Más información en nuestra página: www.edicionestutor.com**